JN424741

알기쉬운

미술치료·사진치료

노대겸 · 전영신

양성원

불법복사는 지적재산을 훔치는 범죄행위입니다.

제작권법 제136조(권리의 침해죄)에 따라 위반자는 5년 이하의 징역 또는 5천만 원 이하의 벌금에 처하거나 이를 병과할 수 있습니다.

머리말

그림을 그리고 무엇인가를 만드는 작업은 누구나 즐겁게 관여할 수 있는 활동 영역이다. 따라서 인류의 역사가 시작된 이후부터, 인간은 나이에 상관없이 미술활동을 여러 용도로 다양하게 활용해 왔다.

그리고 최근 들어서, 미술활동을 건강 영역에 활용하는 방법에 대해 점점 더 많은 사람들이 관심을 가지는 방향으로 나아가고 있다. 특히, 미술활동을 치료 분야에 적용하는 것에 대해 이론적 · 임상적으로 관심이 더 커지고 있다.

이런 상황에서, 그동안 저자들이 미술치료를 강의한 내용과 저자들이 현장에서 미술치료와 사진치료 프로그램을 직접 실시한 내용을 정리해서, 본 저서를 이렇게 세상에 내보내게 되었다. 본 저서에서는 독자가 미술치료와 사진치료를 가능한 한 쉽게 이해하는 데 초점을 두었다.

본 저서는 크게 4부로 구성되어 있다.

제1부에서는 미술치료에 대한 일반적 측면을 다루고 있다. 구체적으로 제1부에서는 미술활동의 기능, 미술치료의 개념 및 의의와 특징, 미술치료의 역사, 미술치료사, 미술치료와 관련된 이론, 미술활동과 관련된 인간발달이론 등을 살펴보고 있다.

제2부에서는 미술치료의 기법을 다루고 있다. 구체적으로 제2부에서는 미술치료를 실제로 실시하고자 할 때에 사용할 수 있는 주요한 기법을 살펴보고 있다.

제3부에서는 기타의 여러 가지 미술치료 기법을 다루고 있다. 구체적으로 제3부에서는 손쉽게 활용할 수 있는 미술치료 기법을 다양하게 살펴보고 있다.

제4부에서는 사진과 사진치료를 다루고 있다. 구체적으로 제4부에서는 사진과 사진치료의 개념, 사진과 사진치료의 특징, 사진치료의 효과, 사진치료의 기법을 살펴보고 있다.

머리말

아마도 독자가 관심을 크게 가지는 부분은 미술치료의 기법에 대한 부분일 것이다. 그러므로 본 저서에서는 기본적으로 사용하는 미술치료 기법을 제시하였다. 이 경우, 해당 미술치료 기법을 실제로 활용한 사례도 더불어 제시해, 독자가 미술치료를 이해하는 데 도움이 되도록 하였다.

하지만 본 저서가 나오고 보니, 부족한 부분이 눈에 많이 들어온다. 무엇보다도 지면의 제약과 시간의 제약 탓으로, 본 저서에서 미술치료와 사진치료에 대한 모든 내용을 담지 못한 것이 아쉬움으로 남는다. 특히, 사진치료 부분이 많이 부족함을 느낀다. 앞으로 기회가 되면, 더 충실한 내용을 담도록 보완해 나갈 계획이다.

본 저서를 발간하는 데 있어 여러 사람의 도움을 받았다. 무엇보다도, 저자들의 미술치료 강의를 지지해 주신 여러분들과 미술치료와 사진치료 프로그램에 참여해 주신 여러분들의 격려가 가장 큰 힘이 되었다. 이 자리를 빌어 모든 분들에게 깊은 감사를 표한다.

그리고 본 저서를 발간해 주신 양성원의 강철원 사장님과 목일수 부사장님에게 감사드리고, 편집과 기타 업무를 담당하신 직원 분들께도 고마움을 표한다.

2017년 3월

노대겸 · 전영신

차 례

PART I 미술치료에 대한 일반적 논의

차 례

PART Ⅱ 미술치료의 주요 기법

PART III 기타 미술치료 기법

PART IV 사진을 이용한 치료

차 례

PART I

미술치료에 대한 일반적 논의

CHAPTER 01

미술활동의 개념과 기능

1. 미술활동의 개념

일반적으로 활동(activity)은 취미나 특별한 목적을 위해 움직여 행동하는 것을 의미한다(네이버사전, 2017). 그러므로 미술활동은 취미나 특별한 목적을 위해 미술재료나 미술기법 등을 이용하는 움직임이나 행동이라고 볼 수 있다.

2. 미술활동의 기능

미술치료에서는 미술활동을 활용하고 있다. 이것은 미술활동이 여러 가지 기능을 하기 때문이다. 사실, 오래 전부터 미술활동은 치료하는 기능이 있는 것으로 알려져 왔다. 예를 들어, 이미지를 만들기 위해 미술매체를 사용하는 것은 인간이 겪는 어려운 감정이나 고통스러운 감정을 줄이는 데 도움이 되고, 또한 인간의 일반적인 복리 수준을 높이는 데 도움이 되는 것으로 알려져 왔다(British Association of Art Therapists, n.d.).

미술활동이 하는 기능을 구체적으로 살펴보면 다음과 같다.

1) 감정 표현과 감정 발산의 기능

(1) 감정 표현의 기능

미술활동은 감정을 표현하는 기능을 하고 있다. 이것은 미술활동을 통해서 의사소통을 할 수 있다는 것을 의미한다. 그러므로 미술활동은 단어로 나타내기 매우 어려운 경험을 표현하는 데 도움을 주고 있다(Stuckey & Nobelm, 2010). 이런 경험의 예로 암으로 진단을 받게 된 상황이 있다.

사실, 사람들 사이의 의사소통은 분명한(manifest) 내용과 잠재적인(latent) 내용을 늘 포함하기 마련이다. 분명한 내용에서는 자신의 생각을 공개적이고 자유롭게 표현하고 있다. 그러나 잠재적인 내용에서는 자신의 생각을 분명하게 표현하지 않고 있다. 따라서 사람이 잠재적으로 가지고 있는 생각은 일반적이지 않은 방법으로 표현할 수밖에 없다. 이 경우, 일반적이지 않은 방법들 가운데 하나가 미술활동을 활용하는 것이다(Brandler & Roman, 1991).

이와 관련해, 유명한 미술치료 학자인 나움버그(Naumberg)[1]는 미술치료의 주요한 가치는 자연스러운 표현과 의사소통(communication)에 있다고 주장한 바 있다. 이에 따라 나움버그는 내담자[2]가 만든 그림은 상징적 언어의 한 형태라고 보고 있다(Malchiodi & Coolidge, 2000).

미술활동이 감정을 표현하는 기능을 하기 때문에, 아동이 감정을 표현하는 도구(즉, 의사소통의 도구)로 미술활동을 특히 잘 활용할 수 있다. 자기의 감정을 적절한 단어를 찾아 표현할 수 있는 성인과는 달리, 아동은 감정을 표현하는 단어를 찾고 문장을 구성하는 능력이 제약되어 있다. 그러므로 아동이 단어와 문장을 고르고 의미를 파악하는 능력을 갖추기 이전의 시기에, 아동은 자기 나름대로 감정을 표현하는 방법이 필요하다. 이때에 아동이 마음속에 가지고 있는 생각을 표현하는 도구들 가운데 하나가 미술활동이다. 왜냐하면 미술활동은 위협적이지 않은 방법으로 자기 감정을 자연스럽게 즉흥적으로 표현할 수 있는 도구이기 때문이다.

특히, 아동은 정서적으로 상처를 받기가 쉬운데, 아동은 이와 관련해 자기가 가진 감정을 솔직하게 그림을 통해 표현하는 경우가 많다. 또한 아동은 두려움이나 불안과 같은 것을 그림으로 쉽게 표현할 수 있다. 예를 들어, 수술을 기다리는 아동은 자기의 두려움을 단어로 표현하지 못할 수 있으나, 그림으로는 쉽게 표현할 수

1) 나움버그에 대해서는 뒷장에서 자세히 설명한다.

2) '내담자'의 영어 표현은 클라이언트(client)이다. '클라이언트'는 미술치료사나 상담사나 사회복지사와 같은 전문가가 도움을 주는 사람을 말한다. 미술치료의 경우, 미술치료와 관련된 서비스를 받는 대상을 '클라이언트'라고 부를 수 있다. 그러나 상담 분야 등에서는 '내담자'라는 용어를 더 사용하는 경향이 있다. 따라서 본 저서에서는 '내담자'라는 용어를 사용한다.

있다(DeVore, 1998).

실제로 여러 학자들의 경우, 미술활동은 아동이 의사소통을 할 수 있는 도구라고 보고 있다(Rodriguez, 1999; Fowler, 1999; McFee & Degge, 1980; Lowenfeld & Brittain, 1982).

(2) 감정 발산의 기능

미술활동은 인간이 가지고 있는 감정을 겉으로 드러내는 기능을 하고 있다. 그리고 더 나아가, 미술활동은 인간이 가진 좋지 않은 감정을 밖으로 내보내는 기능을 하고 있다. 이런 의미에서 볼 때, 미술활동은 어려움이나 두려움을 밖으로 내보내서 위안을 찾을 수 있는 도구이다(Rodriguez, 1999). 미술활동이 하는 이런 감정 발산의 기능과 감정 정화(카타르시스, catharsis)의 기능은 내담자를 치료하는 데 도움을 준다.

감정 표현의 기능에서와 마찬가지로, 감정을 밖으로 내보내고 감정을 깨끗하게 하는 도구의 역할을 하는 미술활동은 아동에게 특히 적합하다고 볼 수 있다. 그리고 어느 경우에는, 미술활동에 참여하는 그 행위 자체가 아동의 감정을 밖으로 내보내고 감정을 깨끗하게 하는 기능을 하고 있고, 더 나아가서는 아동을 치료하는 기능을 한다.

예를 들어, 아동이 붓을 가지고 그림을 그리는 것은 아동이 거친 행동을 덜 하는 데 도움을 준다. 이 경우, 불안정한 행동을 보이는 아동은 그림을 그리는 것이 아니라 감정을 밖으로 내보내고 있는 것이다. 그리고 아동이 미술활동을 통해 이런 감정을 지속적으로 내보낼 경우, 그리는 활동은 치료하는 활동이 될 수 있다(Beaty, 1999).

(3) 감정 표현과 감정 발산의 사례

(가) 감정 표현의 사례

미술활동을 감정을 표현하는 도구로 활용한 사례를 몇 가지 살펴보면 다음과 같다.

① 아동

어느 프로그램의 경우, 아동에게 집을 그리게 하고, 이 그림에 '우리 집은 무엇이다'라는 식으로 제목을 붙이게 하였다. 집에 대한 그림도 특별하지만, 제목을 통하여 각 아동이 집(가정)에 대해 가지는 느낌과 바람을 알 수 있었다. 예를 들어, 어떤 아동은 자기 집이 "어둠 속에서 늘 빛나고 있다"라고 제목을 붙였고, 어떤 아동은 "집 잃은 사람을 돕기 위하여, 단단한 바위 위에 지어진 곳이다"라고 제목을 적었다(Shambaugh, 1996). 이것은 아동이 자신의 집에 대해 가지는 감정을 나름대로 표현하는 것이라고 볼 수 있다.

② 탄광촌 청소년

1980년대 초에 우리나라 탄광촌의 중학생들이 그린 그림을 조사한 적이 있었다. 이 당시에 탄광촌의 중학생들은 냇물을 까맣게 그렸다(김현숙 · 방순영 · 백정희, 1984). 그 지역 주위에 있는 모든 냇물이 까맣기 때문에, 청소년은 자기의 눈에 비친 감정이나 사물에 대해 인식한 바를 그림을 통해서 솔직히 표현하고 있었다.

③ 북한 탈출 소년

어느 16세 소년은 북한이 경제적으로 어려움을 겪음에 따라 가족과 함께 북한을 탈출하여 중국에 머물고 있었다. 이 당시에 소년이 북한의 현실을 그린 책을 우리나라에서 발간하였다. 이 책에는 소년이 크레용으로 그린 그림 120개가 들어 있었다.

이 책을 설명하면서, 미국의 유명한 잡지(Newsweek, 2000)는 이 책이 한국어로 만들어졌지만 한국어를 몰라도 내용을 거의 알 수 있다는 식으로 책을 소개하였다. 이것은 북한에서의 어려움을 그림으로 매우 생생하게 표현하고 있음을 지적한 것이다. 그림이 천 마디 말보다 낫다는 표현이 여기에 어울릴 듯하다.

④ 엄마와의 관계

어느 20대 여성은 아픈 엄마를 존중하면서 복종하는 관계를 유지하고 있었다. 이 여성은 엄마에 대해 끓어오르는 분노를 보여 주는 그림을 그렸다. 그러나 이 여성은 자기가 그런 그림을 그리고 있다는 사실을, 친구가 그 그림에 대해 말해준 후에야 알게 되었다. 이에 따라 이 여성은 자신의 분노를 생각해 보게 되었고, 그 결과로 이 여성과 엄마의 관계가 더 좋아지게 되었다(Brown, 1997).

⑤ 가정폭력 아동

미국 뉴욕 시의 쉼터에서는 가정폭력을 겪은 아동을 도와주기 위하여, 다른 쉼터에 근무하는 미술치료사의 도움을 받아서 미술치료 프로그램을 실시하였다. 이 경우, 아동들에게 노래 가사를 주어서 아동이 그 노래 가사를 보고서 떠오르는 이미지를 그리게 하였다(Victim Services, n.d.). 이런 그림들 가운데 하나인 '문을 쾅 두드리며'에는 아동이 느끼는 증오감이 잘 나타나 있었다.

(나) 감정 발산의 사례

미술활동을 감정을 밖으로 내보내는 도구로 활용한 사례를 몇 가지 살펴보면 다음과 같다.

① 치료가 어려운 질병에 걸린 아동

예전에 미국의 국회의사당에서 아동의 미술작품을 전시한 적이 있었다. 이 당시에, 미국의 어느 장관은 치료하기 어려운 질병에 걸린 여자 아동이 그린 그림 앞에서 이 아동과 이야기를 나누게 되었다. 5~6세 정도의 아동에게 장관이 미술활동을 좋아하느냐고 물어보자, 아동은 매우 좋아한다고 대답하였다. 장관이 아동에게 미술활동을 왜 좋아하느냐고 되묻자, 아동은 "미술은 슬픔을 내보내주니까요."라고 대답하였다(Rodriguez, 1999).

② 비극적 사건

비극적 사건에 대해서 지역사회는 미술(예술)을 통하여 자신들의 감정을 자연스럽게 겉으로 드러내는 경우가 많다. 예를 들어, 영국의 유명한 왕비가 교통사고로 갑자기 죽었을 때, 여러 사람들은 그녀가 살았던 궁의 입구에 시, 그림, 콜라주 등을 놓았다(Landy, 1998). 슬픔을 경험한 일반 국민들의 경우, 이와 같이 미술(예술) 작품을 궁의 입구에 놓음으로써 슬픔을 함께 나누었던 것이다. 이것은 아동이나 성인 모두에게 그대로 적용된다고 볼 수 있다.

③ 상사에 대한 분노

한 여성 근로자는 직장에서 자기 상사와 관계가 좋지 않았다. 이 여성은 자기가 가지고 있는 좌절을 겉으로 드러내기 위해 자신이 놓인 상황을 풍자화로 그렸다.

그 결과, 이 여성은 평상시에 가진 분노를 좀 더 긍정적으로 표현할 수 있게 되었다(Brown, 1997).

2) 자아존중감의 향상과 꿈 실현의 기능

(1) 자아존중감 향상의 기능

미술활동은 자아존중감을 향상시키는 기능을 하고 있다. 왜냐하면 내담자는 자신이 완성한 창의적인 미술작품에 대해 힘(power)을 느끼게 되고, 이에 따라 자아존중감이 높아지기 때문이다(Beaty, 1999). 이 경우, 자아존중감은 자신에 대해 가치 있다고 느끼는 감정을 말한다(전영신, 2015; 노대겸, 2015).

또한 그림을 통해서 내담자는 자신, 자신이 놓인 상황, 자신을 둘러싸고 있는 세계를 새로운 눈으로 바라볼 수 있게 된다. 왜냐하면 내담자가 그린 그림에는 내담자의 내부 세계와 내담자를 둘러싸고 있는 외부 현실이 함께 나타나기 때문이다. 그 결과, 내담자가 그린 그림은 내담자 자신이 놓여 있는 외부 상황을 변화시켜야 할 것인지, 아니면 내담자 자신을 변화시켜야 할 것인지를 결정하는 데 도움을 줄 수 있다(Brown, 1997). 이렇게 될 경우, 내담자는 더 잘 판단할 수 있게 되고, 이에 따라 내담자의 자아존중감이 높아질 수 있다.

미술활동이 자아존중감을 높이는 기능은 아동에게 특히 더 해당될 수 있다. 일부 학자의 경우, 오래 전부터 미술활동은 아동의 자아존중감을 높이는 도구라고 주장한 바 있다(Gonzalez-Jensen & Gara-Weiner, 2000).

(2) 꿈 실현의 기능

미술활동은 내담자에게 꿈을 실현하는 기능을 하고 있다. 왜냐하면 미술활동을 통해서 내담자는 자신이 상상하는 바를 마음껏 만들어 낼 수 있기 때문이다. 즉, 미술활동에 참여함으로써, 내담자는 세계를 변화시킬 수도 있고 또는 매우 다른 새로운 세계를 만들어 낼 수도 있기 때문이다(Wadeson, 1987). 자아존중감을 향상시키는 기능에서와 마찬가지로, 미술활동이 꿈을 실현하는 기능은 치료적 측면과 관련해서 매우 중요하다.

그리고 그림을 통해 꿈을 표현함으로써 내담자는 자신을 더 잘 이해하게 된다. 융(Jung)[3]은 자신의 내담자에게 자신이 가진 꿈과 상상을 그림으로 표현하도록 권장한 바 있다(정여주, 1997). 내담자가 자신이 가진 감정과 자신이 바라는 꿈을 그림으로 표현하려고 노력할 경우, 내담자는 '적극적 상상력'을 통해서 얻어지는 그림을 매개로 하여 자신을 더 깊게 이해할 수 있다고 융은 보고 있다. 이런 측면은 꿈을 실현하는 것과도 관련이 있다.

꿈을 실현하는 기능은 아동에게 특히 중요하다. 왜냐하면 미술활동은 아동이 바라는 세계를 자기 내면에서 구체적으로 실현하게 해주기 때문이다. 비록 이렇게 실현하는 것이 어른의 입장에서는 가상(假想)의 것일지라도, 아동에게는 현실감 있게 다가올 수밖에 없다. 이렇게 함으로써, 아동은 자기가 바라는 것을 새로 창조할 수 있다(Moran, 1999). 어느 경우에는 아동이 미술활동에 참여함으로써, 자기 개인이 바라는 것뿐만 아니라 다른 사람이 바라는 것까지도 실현할 수 있게 된다.

(3) 자아존중감 향상과 꿈 실현의 사례

미술활동을 내담자의 자아존중감을 향상시키거나 꿈을 실현하는 도구로 활용한 사례를 몇 가지 살펴보면 다음과 같다.

(가) 동물벽화의 공동작업[4]

미술을 활용하는 어느 프로그램에서는, 초등학교에서 각 교실마다 동물벽화를 그리게 하였다. 예를 들어, 이 경우에 정글이나 동물원을 그리게 하였다. 이 작업을 각 학년별로 3주에 걸쳐 진행하였는데, 아동들은 벽화작업을 진행하면서, 벽화가 진짜 자기 것이라고 느끼게 되었다.

아동들은 벽화가 만들어지는 것을 보러 벽화를 작업하는 장소에 자주 왔고, 벽화를 다 완성한 후에 모든 아동과 교사는 성취감을 매우 크게 느꼈다. 이 경우, 이 작

3) 융은 스위스의 정신과 의사이자 정신분석학자이다. 융의 연구는 정신의학뿐만 아니라 인류학, 문학, 철학, 종교학 등에도 영향을 미쳐 왔다(Wikipedia, 2017a).

4) 공동으로 작업하는 벽화는 공동체의식을 높이는 기능도 하고 있다. 공동체의식을 높이는 기능에 대해서는 뒤에서 별도로 설명한다.

업에 참여한 아동의 자아존중감이 높아졌음은 물론이다(Karen, 1997).

(나) 비행 여학생

어느 프로그램의 경우, 여자중학교에 다니는 비행학생들을 대상으로 집단상담을 실시하면서, 여학생들에게 머리에 떠오르는 대로 그림을 그리도록 하였다. 이 프로그램에 대해서, 프로그램 진행자는 "처음에는 당황해 하였으나 곧 자신감을 가지고 자연스럽게 [그려 나갔으며]", "다양하게 그린 그림들을 통해서… [여학생 자신들도] 놀라워하며 서로 비교하며 자랑하였다."라고 평가하고 있다(최상국, 1993). 이것은 자유롭게 그리는 그림이 청소년의 자아존중감을 향상시켜 주는 좋은 예임을 보여 주고 있다.

(다) 직장인

직장에서 주식과 관련된 업무를 맡고 있는 남성 내담자는 불행하였고, 직장에서의 자기 일에 대해 만족하지 못하였다. 그러나 그는 그 이유를 알지 못하였다. 미술치료사가 그에게 붓과 물감을 제공하자, 그는 처음에는 그림 그리기를 꺼려하였다. 그러나 그는 그림을 그리기로 마음을 바꾸고 그림을 그렸다.

그가 그린 그림은 폭풍이 치는 바다에 있는 한 척의 배였다. 이것은 그가 논리적으로 생각해서는 그릴 수 있는 그림이 아니었다. 이렇게 새로운 관점을 가짐에 따라, 그 자신은 활력을 찾았다. 즉, 그는 그동안 다니던 직장을 그만두었고, 좀 더 자극이 있고 자기에게 급여를 더 주는 직장을 발견하였다. 직장을 옮긴 그는 이 그림을 자기 집의 벽에 걸어 놓았다(Brown, 1997).

(라) 노인

미국의 한 노인요양원에서 지내는 내담자들 중에는 이전에 그림을 그려본 적이 없는 사람이 많았다. 그래서 이 노인요양원에서 지내는 내담자들 중에는, 자신이 그림을 완벽하게 그리지 못하면 그 그림은 별 것이 아니라고 느끼는 사람이 많았다.

그러나 노인요양원에서 그림을 그리는 프로그램을 실시한 결과, 내담자들 중에는 자신이 그린 그림이나 조각을 보고서 스스로 놀라는 사람이 많았다(DeVore, 1998). 이에 따라 내담자의 자아존중감도 높아진 것으로 보였다.

3) 공동체의식 향상의 기능

(1) 공동체의식 향상 기능

미술활동은 공동체의식을 향상시키는 기능을 하고 있다. 왜냐하면 공동으로 미술활동에 참여할 경우, 참여한 사람들끼리의 인간관계가 더 나아지게 되어 공동체의식이 커지기 때문이다. 그리고 집단작업을 통한 미술활동은 지역사회에 대한 공동체의식을 높이는 데에도 사용될 수 있다(전영신 · 노병일, 2000).

여러 미술활동들 중에서, 집단벽화(group mural)작업은 공동체의식을 키우는 데 적합하다. 이때에는 미술치료사가 집단벽화의 주제를 제시하면 모든 사람이 함께 작업하는 방식으로 진행하는 경우가 많다(Brandler & Camille, 1991).

(2) 사례

미술활동을 공동체의식을 향상시키는 도구로 활용한 사례를 몇 가지 살펴보면 다음과 같다.

(가) 성인

성인들은 적절한 장소에서 모여서 함께 공동벽화를 작업할 수 있다. 예를 들어, 그림 1-1 은 성인집단이 공동벽화를 작업하는 모습을 보여 준다.

그림 1-1 성인집단의 공동벽화 작업

(나) 아동

미국에서 아동들이 모여서 '우주친구(space friends)'라는 작업을 한 바 있다. 공동 작품인 '우주친구'는 우주에 사는 종족이 서로 갈등의 대상이 아니라 조화롭게 사는 대상으로 보고자 하는 아동들의 꿈을 잘 보여 준 것으로 평가를 받았다(Moran, 1999). 이러한 공동작품은 작업에 참여한 사람들 사이에 공동체의식을 더 가지게 할 뿐만 아니라, 인류와 모든 생명체 사이에 공동체의식을 키우는 기능도 할 수 있다.

CHAPTER 02

미술치료의 개념과 목적 및 특징과 의의

1. 미술치료의 개념과 목적

1) 미술치료의 개념

미술치료는 예술치료나 표현치료나 심리치료의 한 부분이다.[5] 미술치료는 문자 그대로 미술활동을 치료에 적용한 것이다. 구체적으로 영국 미술치료사협회(British Association of Art Therapists, n.d.)에 따르면, 미술치료는 의사소통을 하는 중요한 도구로 미술매체를 사용하는 심리치료의 한 형태를 말한다.

그러므로 간단히 말해서, 미술치료는 미술활동을 치료의 목적으로 응용하는 것이라고 볼 수 있다. 이 경우, 미술활동을 치료(treatment)의 형태로 활용하기도 하고, 또한 평가의 보조수단으로 활용하기도 한다(Malchiodi & Coolidge, 2000).

2) 미술치료의 목적

미술치료에서는 여러 가지 목적을 추구하고 있다. 미술치료의 목적을 몇 가지 제시하면 다음과 같다(김정희, 2011).

① 개인의 문제 행동을 고친다.

② 역기능적인 잠재적 위험에 대해 예방한다.

③ 개인과 집단의 자아를 실현하고, 자아존중감을 더 갖게 한다.

5) 말치오디(Malchiodi & Serlin, 2007에서 재인용)의 경우, 표현치료(expressive therapy)는 "예술과 놀이를 아동, 청소년, 가족, 집단을 치료하기 위해 사용하는 것"이라고 정의하고 있다.

2. 미술치료의 특징과 장점

1) 미술치료의 특징

미술치료는 창조적으로 작업하는 과정을 활용하는 심리치료 또는 보조치료(psychotherapy or supportive therapy)의 한 형태이다(DeVore, 1998). 그러므로 미술치료는 인간의 복리 수준을 높이기 위한 서비스를 제공하는 분야의 하나에 속한다고 할 수 있다.

그리고 미술치료는 여러 학문 분야가 합쳐진 분야이다. 특히, 미술치료는 주로 미술과 심리학의 지식에 토대를 두면서 나름의 독특한 새로운 영역을 확보하고 있다(Vick, 2003).

무엇보다도 미술치료라는 용어 속에는 '미술'과 '치료'가 합쳐져 있다. 그러나 미술치료는 미술작업에 치료를 더한 것도 아니고 또한 치료에 미술을 더한 것도 아니다. 왜냐하면 미술치료는 미술과 치료를 더한 것 이상의 새로운 것이기 때문이다. 따라서 미술치료는 미술과 치료가 합쳐진 것 이상의 의미를 가지고 있다(Wadeson, 1987).

2) 미술치료의 장점

미술치료는 다음과 같은 상황에 특히 유용할 수 있다(British Association of Art Therapists, n.d.). 이런 점은 미술치료가 가지는 장점이 될 수 있다.

① 내담자가 가진 어려움과 감정을 직접적으로 이야기하기 어려운 상황에서 미술치료는 유용한 도구가 될 수 있다. 이 경우, 미술매체를 사용함으로써 더 쉽고 더 적절하게 의사소통을 할 수 있다.

② 내담자의 생각과 감정을 단어로 표현할 수 없는 상황에서 미술치료는 유용한 도구가 될 수 있다. 이 경우, 미술작품을 만드는 과정과 그림 그 자체는 생각과 감정을 표현하는 데 도움을 줄 수 있다.

③ 말만 가지고는 생각과 감정을 표현할 수 없는 상황에서 미술치료는 유용한 도구가 될 수 있다. 이 경우, 그림과 말을 함께 사용하면 내담자는 자신이 표현

하고자 하는 것을 더 잘 전달할 수 있다.

이 외에 미술치료는 다음과 같은 특징을 지니고 있는데, 이런 특징도 미술치료의 고유한 장점이 될 수 있다(British Association of Art Therapists, n.d.).

① 미술치료에 참여하는 내담자는 미술을 이전에 배우지 않았어도 상관이 없고, 또한 미술작품을 잘 만들 줄 몰라도 상관이 없다. 그러므로 미술치료에 참여하는 내담자의 경우, 미술에 대한 지식이나 경험이 없어도 누구나 미술활동이 주는 장점에서 도움을 받을 수 있다.

② 미술치료를 하는 과정은 즐겁다.[6] 그러므로 미술치료에서는 즐겁고 억압받지 않는 분위기 속에서 편안하게 미술활동에 참여할 수 있는 기회를 제공하고 있다.

3. 미술치료의 의의

1) 미술활동 기능의 구체적 활용

위에서 미술활동은 감정을 표현하고, 감정을 겉으로 드러내고(감정의 발산), 감정을 밖으로 내보내고(감정의 정화), 자아존중감을 향상시키고, 공동체의식을 키우는 기능을 한다고 설명한 바 있다. 미술치료는 미술활동이 가지는 이런 긍정적인 기능을 구체적으로 현실에 활용하는 작업이라고 볼 수 있다. 그러므로 미술치료는 미술활동의 장점을 적극적으로 활용해서, 내담자의 전반적인 복리 수준을 높인다는 데 그 의의가 있다.

2) 의료 영역에서의 보조적 개입

미술치료에서는 미술활동이라는 편하고 자연스러운 방법을 사용해서 내담자가

6) 그렇지만 미술치료는 레크리에이션 활동도 아니고, 또한 미술을 배우는 수업도 아니다.

좋은 정신건강상태를 유지하게 해주고 있다. 이렇게 함으로써, 미술치료는 미래에 내담자가 좋지 않은 건강상태에 놓이는 것을 예방하고 있다. 그러므로 미술치료는 예방하기 위해 서비스를 제공하는 보조적인 개입방법의 하나라는 점에 그 의의가 있다. 이에 따라서 미술치료를 정신건강 분야에서 많이 활용하고 있다.

그리고 미술치료는 인간의 신체적 질병을 치료하기 위해 전통 의학과 함께 사용되고 있다. 예를 들어, 미국에서 대체의학[7]과 관련된 연구를 하는 국가기관(National Institutes of Health Office of Alternative Medicine)의 경우, 미술치료를 신체적 건강과 정신건강을 좋게 하기 위해 개입하는 분야로 인식한 바 있다. 실제로 의료전문가들은 창의적인 미술활동이 치료과정에서 긍정적인 역할을 한다는 점을 인정하고 있다. 즉, 의료전문가들은 미술치료가 정신적 · 신체적 · 영적 건강과 관련해 중요한 역할을 하고, 또한 미술치료가 치료에서 나름의 큰 역할을 한다는 점을 인정하고 있다.[8] 이에 따라서 전 세계적으로 의료 프로그램에서 미술치료를 활용하는 경우가 많은 것으로 알려져 있다(Ford-Martin, 2005; Malchiodi & Coolidge, 2000; Stuckey & Nobelm, 2010).

7) 대체의학은 기존의 의학적 치료방법에 속하지는 않지만 치료하는 효과를 가진다고 주장되는 치료방법을 말한다(Wikipedia, 2017b; 위키백과, 2017).

8) 그러나 미술치료를 신체적 건강상태를 더 좋게 하기 위한 치료도구로 사용할 경우, 미술치료를 기존의 의학적 치료방법을 대신하는 주요한 방법으로 사용하지 말아야 한다. 이것은 미술치료를 기존의 의학적 치료방법에 대한 보조치료방법으로만 활용하여야 한다는 것을 의미한다(Ford-Martin, 2005).

CHAPTER 03

미술치료의 역사

1. 미술치료 등장의 역사적 배경

인류가 지구에 자리를 잡은 이후부터, 인간은 살아가면서 그림이나 만들기와 같은 형태를 표현해 왔다. 따라서 미술활동은 인간의 생활에서 기본적인 활동으로 자리매김하였고, 모든 인간은 생각과 감정을 미술 형태로 표현해 왔다. 인류 역사에서 예술활동을 통해 자신을 표현하고 이야기를 나눈 기록의 예로 마스크, 의식에 사용한 도자기와 기타 물품, 동굴의 그림과 같은 것이 있다(American Art Therapy Association, 1998; Ford-Martin, 2005; Lowenfeld & Brittain, 1982).

그림 2-1 알타미라 동굴의 벽화 [출처: Wikipedia(2017)]

또한 오래 전부터 미술(예술)은 치료하는 기능이 있는 것으로 인식되어 왔다. 사실, 인류의 역사에서 미술(예술)은 영적인 힘과 관련이 있어 왔다. 예를 들어, 힌두교와 불교의 만다라(mandala)[9]와 아메리카 원주민의 모래그림은 치료하는 효과가 큰 것으로 인식되어 왔다. 따라서 과거부터 인간은 미술활동을 알게 모르게 치료할

9) 만다라는 '원'을 뜻한다. 만다라에 대해서는 뒷장(제17장)에서 자세히 설명한다.

목적으로 이용해 왔다. 오늘날에는 미술활동을 치료의 목적으로 활용하는 것에 대해 더욱더 관심을 가지게 되었다. 그 결과, 현대에 들어서 심리학자, 정신건강상담사, 사회복지사와 같은 전문가들이 내담자의 심리적 복지에 도움을 주기 위해 미술활동을 활용하는 사례가 많아지고 있다(Ford-Martin, 2005; Malchiodi & Coolidge, 2000).

이런 역사적 과정에서 전문적인 미술치료가 등장하였고, 그 후에 미술치료는 지속적으로 발달하고 있다. 미술치료가 발달한 역사는 미술치료가 자리를 잡기 전의 시기(즉, 정착기 이전)과 미술치료가 자리를 잡은 후의 시기(즉, 정착기 이후)로 구분해 살펴볼 수 있다.

2. 정착기 이전의 미술치료

1) 정신건강 영역에의 미술활동 활용

유럽에서는 이미 19세기 말에, 정신건강문제를 가진 성인의 미술에 대해서 관심을 많이 가지고 있었다. 그러다가 1930~1940년대에 들어서 미술치료는 독특한 분야로 자리를 잡게 되었다.

20세기 초에 들어서 정신건강 전문가들은 정신건강문제를 가진 환자가 그린 미술작품에 대해 관심을 가지게 되었다. 이 당시에 정신건강 전문가들은, 정신건강문제를 가진 환자가 그린 미술작품이 환자의 병과 관련이 있는지를 알기 위해서 환자가 그린 미술작품을 연구하였다(American Art Therapy Association, 1998; Malchiodi & Coolidge, 2000).

이와 동시에, 미술교육자들은 아동이 자유롭고 순수하게 그린 미술작품이 정서적이고 상징적으로 의사소통을 하고 있는 것이라는 점을 알게 되었다.이에 따라서 미술가들은 실제로 미술치료가 등장하는 데 관여하였다. 그러므로 미술치료는 미술가가 정신병원에서 환자들을 도와준 것에서부터 시작되었다고 볼 수 있다. 일부 미술가는 환자들을 위한 미술교실을 열었다. 이때의 환자들 중에는, 미술가와 함께 미술작품을 만드는 기회를 갖는 것이 자신을 치료하는 데 도움이 된 환자가 많았다

(American Art Therapy Association, 1998; Wadeson, 1987).

2) 관련 전문가

이 당시에, 정신건강문제를 가진 사람의 미술작품에 대해 여러 전문가가 관심을 가졌다. 정신건강문제를 가진 성인의 미술작품에 대해 관심을 가진 전문가를 몇 사람 살펴보면 다음과 같다(Malchiodi & Coolidge, 2000; Vick, 2003).

(1) 따르디외

따르디외(Tardieu)는 프랑스 출신의 정신의학자이다. 따르디외는 1872년에 정신질환[10)]에 관한 저서를 발간하였다. 이 저서에서 따르디외는 미쳤다고 진단된 사람들이 그린 미술작품이 지니는 특징을 간결하게 설명하였다.

(2) 시몬

따르디외의 연구가 있은 지 몇 년이 지나서, 정신의학자인 시몬(Simon)은 정신건강문제를 가진 환자가 그린 그림에 대해 연구하였다. 시몬은 정신건강문제를 가진 환자가 그린 그림을 앞의 따르디외보다 더 체계적으로 연구하였다. 그리고 시몬은 자신이 연구한 결과를 계속해서 발표하였다.

시몬을 '미술과 정신의학의 아버지'라고 부르고 있다. 시몬은 정신질환의 증세와 미술작품의 내용은 서로 관련될 수 있다고 보았다. 이에 따라 시몬은 그림을 통해서 진단하는 것에 영향을 미친 사람으로 인정받고 있다.

(3) 프린즈혼

프린즈혼(Prinzhorn)은 원래는 미술사학자이었으나 나중에 정신의학자로 전공을 바꾸었다. 1920년대에 프린즈혼은 유럽에 있는 의사와 병원을 통해서 정신건강문제를 가진 환자가 그린 그림을 모으기 시작하였다. 그 결과, 프린즈혼은 500명이 넘

10) 일반적으로 정신질환은 뇌의 기능에 이상이 생겨 나타나는 질병을 말한다(위키백과, 2017).

는 환자가 그린 그림 5,000개를 모을 수 있었다. 이렇게 수집한 그림을 통하여, 프린즈혼은 미술 표현이 진단적 가치가 있을 뿐만 아니라 심리적 재활에도 기여할 수 있을 것이라는 점에 관심을 가지게 되었다. 여기에 근거해서, 1922년에 프린즈혼은 『정신질환자의 예술(The Artistry of the Mentally Ill)』이라는 저서를 발간하였다. 이 저서에서, 프린즈혼은 유럽의 정신건강시설에 있는 사람들의 미술작품을 제시하며 설명하였다. 프린즈혼의 저서를 통해서, 정신건강 전문가들과 미술가들은 정신병과 예술에 대해 다시 생각하는 기회를 가지게 되었다.

3. 정착기 이후의 미술치료

1940년대 들어서, 미술치료 분야가 영국과 미국에서 동시에 등장하였다(Malchiodi & Coolidge, 2000). 각 나라에서 미술치료가 발달해 나간 것을 살펴보면 다음과 같다.

1) 영국

영국에서 미술치료 자리가 공식적으로 자리를 잡은 것은 1946년이었다. 즉, 영국에서는 1946년에 국민보건서비스(National Health Service)[11]에 미술치료 담당 자리가 처음으로 생기면서 미술치료 자리가 등장하였다. 그 후, 1981년에 영국 정부는 미술치료 자리를 공식적으로 인정하였다.

영국에서 미술치료에 영향을 미친 사람으로 다음과 같은 인물을 꼽을 수 있다.

① 리드(Read)가 있다. 리드는 미술교육자이다.

② 힐(Hill)이 있다. 힐은 미술가로서 의료 분야에서 활동하였다.

③ 아담슨(Adamson)이 있다. 아담슨은 미술가로서 병원에서 환자를 대상으로 활동하였다.

④ 로웬펠드(Lowenfeld)가 있다. 로웬펠드는 아동을 치료하는 데 미술교육을 활용하였다. 이와 관련해, 로웬펠드는 '미술교육치료(art education therapy)'라는

11) 국민보건서비스는 모든 국민에게 무료로 의료서비스를 제공하는 국가제도를 말한다(노병일, 2016a).

용어를 처음으로 사용하였다.

2) 미국

정착기 이후에 미국에서 미술치료 분야가 발달한 시기를 단계별로 다음과 같이 세 시기로 구분할 수 있다(Vick, 2003).

(1) 고전적 시기

(가) 상황

첫째 단계는 1940~1970년대까지의 시기이다. 비크(Vick, 2003)는 이 시기를 고전적 시기(Classical Period)라고 하였다.

20세기 중반에 이르러, 독자적으로 활동하는 일부 사람들은 자신이 활동한 대상자의 작품을 설명하기 위해 '미술치료'라는 용어를 사용하기 시작하였다. 이렇게 함으로써, 이들은 미술치료라는 분야를 기존의 다른 분야와는 차이가 나는 독특한 분야로 정의하기 시작하였다.

이 당시에는 미술치료를 배울 수 있는 공식적인 기관은 없었다. 따라서 초기에 미술치료 분야에서 활동한 사람들은 다른 분야에서 교육을 받은 사람들이었다. 그리고 이런 사람들은 정신건강 분야의 전문가들로부터 도움을 받았다.

(나) 주요 학자

미국에서 이 시기에 미술치료가 발달하는 데 이바지한 사람으로 나움버그(Naumburg), 크레이머(Kramer), 울먼(Ulman), 퀴아트코브스카(Kwiatkowska)를 꼽고 있다. 이 사람들에 대해 구체적으로 살펴보면 다음과 같다(Malchiodi & Coolidge, 2000; Vick, 2003; Ford-Martin, 2005).

① 나움버그

오늘날 나움버그는 미국에서 미술치료를 만든 사람으로 인식되고 있다. 따라서 나움버그를 '미술치료의 어머니'라고 부르는 경우가 많다.

현장에서 작업하면서, 나움버그는 미술치료에 대해 자기 나름의 관점을 세워 나갔다. 그리고 1940년대에 이르러, 나움버그는 미술치료에 대한 논문을 쓰기 시작하였다.

나움버그는 프로이드(Freud)와 융(Jung)의 이론을 배경으로 삼았다. 이에 따라서 나움버그는 미술치료가 이 당시의 정신분석적 활동과 크게 비슷할 것이라고 보았다. 즉, 나움버그의 경우, 내담자의 미술작품은 무의식을 직접적이고 제약을 받지 않고 구체적인 형태로 상징적으로 표현한 것이라고 보았다. 그러므로 나움버그는 내담자가 자연스럽게 미술을 표현하는 것에 관심을 가졌다. 이에 따라 나움버그는 자신의 내담자가 무의식 세계를 바라보고 인식하도록 해주기 위해서 미술을 심리치료에 통합하였다. 그 결과, 나움버그는 미술활동을 통해 표현함으로써 무의식적인 이미지를 알아낼 수 있다고 주장하였다. 나움버그의 이런 관점은 20세기 초에 많이 활용하고 있었던 정신분석적 관점과 일치하고 있다.

② 크레이머

나움버그의 관점은 정신분석기법에 크게 토대를 두고 있다. 그렇지만 미술가이면서 미술교육자인 크레이머는 이와는 다른 접근방식을 취하였다. 즉, 크레이머의 경우, 미술치료과정을 설명하기 위해 프로이드의 성격이론에 토대를 두었다.

1950년대에 크레이머는 미술활동에 중요한 치료적 장점이 있다는 점을 강조하였다. 따라서 크레이머는 '치료로서의 미술(art as therapy)'이라는 접근방식을 취하였다. 그리고 크레이머는 치료학교에서 활동하였다. 이런 경험 때문에, 크레이머는 자신의 생각을 교육적 환경에도 직접적으로 적용할 수 있었다.

③ 울먼

울먼이 미술치료 분야에 가장 크게 기여한 부분은, 미술치료 잡지를 편집한 것과 미술치료에 대한 저서를 발간한 것이었다. 울먼은 1961년에 〈미술치료지(The Bulletin of Art Therapy)〉를 만들었다. 이 당시에는, 미술치료와 관련된 학술지가 없었다. 1970년 이후부터, 〈미술치료지〉는 〈미국미술치료지(The American Journal of Art Therapy)〉로 이름이 바뀌었다.

그리고 울먼은 미술치료에 관한 논문을 모은 저서를 발간하였다. 이 저서는 여러 해 동안 미술치료 분야에서 자주 사용되었다.

④ 퀴아트코브스카

퀴아트코브스카는 미술치료의 연구와 가족 미술치료 분야에 크게 기여하였다. 퀴아트코브스카의 경우, 1958년에 미국의 국립정신건강연구소(National Institute of Mental Health)에서 개인을 대상으로 하는 미술치료와 가족을 대상으로 하는 미술치료를 실시하였다. 퀴아트코브스카가 국립정신건강연구소에서 활동함에 따라, 미술치료 분야에서 연구를 시작하였고 또한 미술치료가 가족치료의 보조방법으로 자리를 잡았다.

(2) 중간 시기

둘째 단계는 1970~1980년대 중반까지의 시기이다. 비크(Vick, 2003)는 이 시기를 중간 시기라고 하였다.

1970~1980년대 중반에 이르러, 미술치료에 대한 논문을 더 많이 발표하였다. 이런 논문들의 경우, 미술치료를 더 다양하게 적용하고 있었고, 또한 미술치료에 대해 더 다양한 관점을 취하고 있었다. 물론 이 시기에도 정신분석적 관점이 크게 영향을 미치고 있었다.

(3) 현대 시기

셋째 단계는 1980년대 중반부터 현재까지의 시기이다. 비크(Vick, 2003)는 이 시기를 현대 시기(Contemporary Period)라고 하였다.

이 시기에, 미술치료 분야의 논문은 계속해서 증가하고 있다.

4. 우리나라의 역사

우리나라의 경우, 1998년에 미술치료과정을 대학원에 처음으로 만들었다. 그 이후로, 우리나라에서 미술치료는 확대되고 있다(Kim, 2009).

초기에는 정신건강 전문가와 심리학자가 미술치료사를 지도 · 감독하는 경우가 많았다. 왜냐하면 이 당시에는 미술치료 분야에서 지도 · 감독할 사람이 부족하였기 때문이다.

그러다가 1990년대 말에 외국에서 공부한 미술치료사가 우리나라에 들어와서 미술치료를 교육하고 지도 · 감독할 수 있게 되었다. 이에 따라 우리나라에서 미술치료가 빠르게 발달하였다. 그리고 미술치료는 미술치료를 공부하는 학생들뿐만 아니라, 이와 관련된 전문가들에게 인기가 있는 분야가 되었다. 미술치료와 관련된 전문가의 예로 화가, 미술교육자, 심리학자, 상담사가 있다(Kim, 2009).

우리나라의 경우, 미술치료를 치료의 한 형태로 제공하는 기관이 많아지고 있다. 이에 따라서 우리나라에서는 미술치료사로 활동하는 사례가 많아지고 있다.

CHAPTER 04

미술치료사

1. 미술치료와 미술치료사

미술치료는 전문적인 자격을 갖춘 미술치료사(art therapist)가 실시하고 있다. 미술치료사는 미술치료를 안내하고 실시하는 전문가를 말한다. 그러므로 미술치료사는 내담자가 미술활동을 하는 데 있어 중요한 안내자 역할을 할 수 있다(Ford-Martin, 2005). 미술치료사는 아동, 청소년, 성인, 노인을 포함한 모든 집단을 대상으로 미술치료를 실시한다.

2. 미술치료사가 미술 관련해 인식할 측면

미술치료사는 미술과 관련해 여러 가지 측면을 인식할 필요가 있다. 랜디(Landy, 1998)의 경우, 미술치료사는 다음과 같은 점을 인정하여야 한다고 주장한 바 있다. 이런 점은 미술치료사가 미술과 관련해 기본적으로 인식하고 있어야 할 측면들이라고 볼 수 있다.

① 미술의 기능, 미술과 관련된 가치, 미술의 의미 등은 다양하다.

② 미술은 여러 가지 형태로 존재하고 있다.

③ 미술은 여러 가지 목적을 위해 사용되고 있다. 예를 들어, 미술을 교육적 목적, 정치적 목적, 치료적 목적, 기도를 위한 목적으로 사용할 수 있다.

④ 미술작업은 민주적으로 이루어진다. 구체적으로 이것은 미술과 관련해 표현할 수 있는 창의적인 활동에 누구나 참여할 수 있다는 것을 의미한다.

3. 미술치료사의 자질

모든 전문가는 해당 분야에서 나름의 자질을 갖추고 있어야 한다. 따라서 미술치료사도 나름의 자질을 갖추고 있을 필요가 있다. 이런 자질을 구체적으로 살펴보면 다음과 같다.

1) 미국 미술치료학회에서 제시하는 자질

미국 미술치료학회는 미술치료와 관련해 대표적인 학문적 조직이다. 미국 미술치료학회의 경우, 미술치료에 관여하는 사람은 다음과 같은 자질을 갖추어야 한다고 제시한 바 있다(American Art Therapy Association, 1998).

① 인간이 가지고 있는 욕구와 표현에 민감하여야 한다.
② 정서적으로 안정되어 있어야 한다.
③ 인내심이 있어야 한다.
④ 심리적 과정을 꿰뚫어 보는 능력이 있어야 한다.
⑤ 미술매체를 이해하여야 한다.
⑥ 남의 말을 잘 귀담아 들어야 한다.
⑦ 예리하게 관찰하여야 한다.
⑧ 내담자와 친밀감(rapport, 라포)을 형성할 수 있어야 한다.

그리고 미술치료사는 환경, 좌절, 실망에 잘 적응하여야 한다. 미국 미술치료학회에 따르면, 이렇게 하기 위해서 미술치료사는 융통성이 있고 유머 감각을 가지고 있어야 한다.

2) 웨이드슨이 제시하는 자질

웨이드슨(Wadeson, 1987)의 경우, 미술치료사에게 필요한 자질의 일부로 다음과

같은 점을 제시한 바 있다.[12)]

(1) 다른 사람에 대한 애정

미술치료사는 다른 사람을 보살피고 다른 사람에게 관심을 가져야 한다. 이것은 너무나 명백하다고 볼 수 있다. 내담자에게 가장 도움을 주었다고 내담자가 평가한 미술치료사는, 다음과 같은 특성을 지니는 것으로 알려져 있다.

① 내담자가 마음속에 간직한 감정을 정확히 이해한다.

② 따뜻하다.

③ 순수하다.

(2) 자신의 일에 대한 보람

미술치료사는 자기가 하는 일에 자신의 마음과 영혼을 담아야 한다. 그렇지 않을 경우, 미술치료사가 하는 일에는 좋은 결과가 나오지 않을 가능성이 매우 크다. 미술치료사가 자기가 하는 일에서 보람을 찾지 못할 경우, 미술치료사의 에너지와 기운은 점점 줄어들게 된다.

(3) 지적 능력

미술치료작업을 하는 데에는 어떤 간단한 공식이 있는 것이 아니다. 따라서 미술치료사는 결정을 내려야 하는 경우가 많다. 그러나 결정을 내려야 하는 상황에서, 미술치료사는 결정을 내리기 전에 충분한 시간을 가지지 못하는 경우도 많다.

그러므로 미술치료사는 지적 능력을 가지고 있어야 한다. 즉, 미술치료사가 따뜻하고 순수한 마음을 가지고 있으면 내담자를 보살피는 데 큰 도움이 되는 것은 사실이지만, 미술치료사는 이외에 지적 능력도 더불어 갖추고 있어야 한다.

12) 웨이드슨의 경우, 살면서 다양하게 경험을 하고 독특한 개성을 가지고 있으면 미술치료사로 적합할 것이라고 보고 있다. 왜냐하면 모든 사람이 미술치료에 적합하다고 볼 수 없기 때문이다. 그러나 웨이드슨은 미술치료에 유리한 개인적 특성을 분명하게 제시하기는 어렵다고 보고 있다. 그러므로 다음에 제시하는 자질은 일반적으로 제시되는 자질이라는 점에 유의할 필요가 있다.

(4) 자신의 욕구 충족

미술치료사는 자신의 욕구를 알고 이런 욕구를 어느 정도 충족할 줄 알아야 한다. 이것을 구체적으로 살펴보면 다음과 같다.

① 미술치료사는 미술치료사의 욕구가 무엇인지 알아야 한다. 왜냐하면 그렇지 않을 때에는 미술치료사의 욕구를 충족하기 위해 내담자가 피해를 보는 식으로 미술치료과정을 진행할 수도 있기 때문이다.

② 미술치료사가 치료과정에 재대로 참여하기 위해서는 미술치료사 개인이 가진 욕구를 충족시킬 필요가 있다. 왜냐하면 미술치료사가 미술치료를 하는 동안에 자신의 개인적 욕구를 하나도 충족시키지 않는다면, 미술치료작업은 미술치료사 개인에게 의미가 없을 수 있기 때문이다.

4. 미술치료사의 역할

미술치료작업에서는 미술매체나 이미지뿐만 아니라, 내담자가 창조적으로 미술작품을 만드는 과정과 이렇게 만들어진 미술작품에 대한 내담자의 반응에도 주목하고 있다. 따라서 미술치료에서 내담자는 중요한 위치를 차지할 수밖에 없다. 사실, 미술치료를 효과적으로 실시하기 위해 중요한 것은, 미술치료사가 아니라 내담자가 미술작품을 해석하는 데 있어 주도적 역할을 하여야 한다는 점이다(Ford-Martin, 2005; American Art Therapy Association, 1998).

그러므로 미술치료사는 내담자에 대해 여러 가지 역할을 하게 된다. 이런 역할을 몇 가지 제시하면 다음과 같다(Wadeson, 1987; Malchiodi & Coolidge, 2000; DeVore, 1998).

① 미술치료사는 내담자를 지지하는 역할을 하고 있다. 왜냐하면 내담자는 좋지 못한 환경에서 성장하였을 가능성이 있기 때문이다. 이런 내담자는 치료과정에서 다른 사람들이 내담자 자신을 이해하고 있다는 것을 경험하게 되고, 또한 다른 사람들이 내담자 자신을 편견 없이 지지하고 있다는 것을 경험하게 되는 경우가 많다. 그리고 치료과정에서 내담자는 자신의 내면에 힘과 아름

다움이 있다는 사실을 처음으로 스스로 알게 되는 경우가 많다. 따라서 미술치료사는 미술치료과정을 통해서 내담자를 직접적·간접적으로 지지하는 역할을 하고 있다.

② 미술치료사는 내담자가 표현하는 것을 돕는 역할을 하고 있다. 구체적으로 미술치료사는 내담자가 개인적으로 가지고 있는 이미지를 밖으로 드러내도록 도와주는 역할을 하고 있다. 이와 관련해, 어느 미술치료사는 자신이 미술치료사로서 더욱 보람을 느끼는 것은, 내담자가 그림을 통해 매우 어려운 감정이나 매우 미묘한 감정을 표현할 수 있게 되는 점이라고 밝힌 바 있다.

③ 미술치료사는 내담자가 자신의 문제점과 자신이 가진 능력을 파악하는 것을 돕는 역할을 하고 있다. 구체적으로 미술치료사는 미술매체를 활용하고 또한 미술활동을 통한 창조적 과정에 대한 지식을 활용함으로써, 내담자가 미술작업을 통해 자신의 문제점, 자신이 관심을 가지는 영역, 자신이 겪는 갈등, 자신이 가지는 능력을 파악하게끔 도와주는 역할을 하고 있다.

④ 미술치료사는 미술작품에 대해 내담자와 이야기를 주고받는 역할을 하고 있다. 구체적으로 미술치료사는 내담자가 자기 작품 속에 담겨진 의미를 설명하게 하고, 이런 설명에 대해 질문하거나 의견을 제시하는 역할을 하고 있다. 그러나 말을 통해서 하는 치료에서와 마찬가지로, 미술치료사는 꾸준하게 지속적으로 이런 역할을 하고 있다.

5. 미술치료사의 그림 지시방법

1) 방법의 구분

미술치료사는 여러 가지 방법을 사용해 내담자를 미술활동에 참여하게 할 수 있다. 그러나 이런 방법을 크게 지시적 방법과 비(非)지시적 방법으로 구분할 수 있다(Malchiodi, 1998). 각 방법을 간단히 설명하면 다음과 같다.

① 지시적 방법을 사용할 경우, 내담자에게 특정한 주제를 그리게 하거나 또는

특정한 방식으로 그리도록 지시하고 있다. 지시적 방법을 사용하는 예로 내담자에게 가족을 그리라고 하는 것이 있다.

② 비지시적 방법을 사용할 경우, 특정한 주제가 없거나 그림을 그리는 방식도 특정하게 지시하지 않고 있다. 비지시적 방법을 사용하는 예로 내담자가 좋아하는 그림을 그리라고 하는 것이 있다.

2) 사용 현황

미술치료작업에서는 지시적 방법이나 비지시적 방법이 모두 유용하다. 따라서 미술치료사는 미술치료에서 두 가지 방법을 모두 사용하고 있다(Malchiodi, 1998).

하지만 미술치료사는 내담자의 특성과 치료 목적에 따라서 지시적 방법이나 비지시적 방법 중에서 한 가지 방법을 선택하는 경우가 많다. 그러므로 미술치료사는 내담자의 욕구와 이해관계에 맞추어서, 지시적 방법이나 비지시적 방법을 사용해 미술활동과 관련된 지시를 내리게 된다.

6. 미술치료사의 개별적 독특성

미술치료사가 가진 모든 생활 경험은 미술치료작업과 관련된다. 이것은 모든 상황에서 누구에게나 해당된다.

그러나 이런 것은 치료활동에서 큰 의미를 지니고 있다. 예를 들어, 내가 외과의사일 경우, 나에게 자녀가 있는지 여부는 중요하지 않다. 이 경우에 중요한 것은 내가 진단을 할 줄 알고, 수술을 할 줄 알고, 수술 후에 조치를 할 줄 아느냐이다.

그러나 미술치료에서는 이와 다르다. 우선, 미술치료사의 상황은 미술치료사 자신에게 영향을 미친다. 예를 들어, 미술치료사에게 자녀가 있는지 여부는 미술치료사가 자신을 어떻게 보는지, 다른 사람을 어떻게 보는지, 세계를 어떻게 보는지, 삶을 어떻게 보는지에 영향을 미치게 된다. 예컨대, 미술치료사에게 자녀가 있을 경우, 미술치료사는 다른 부모의 경험을 심리적으로 잘 이해할 수 있게 된다(Wadeson, 1987).

그리고 미술치료사가 경험한 모든 것과 미술치료사가 가진 모든 특징은, 미술치료사가 내담자와 맺는 관계에 영향을 미치게 된다. 예를 들어, 미술치료사가 기르던 개가 죽었다는 점, 미술치료사가 추리소설을 좋아한다는 점, 미술치료사의 아버지가 내성적이었다는 점은 미술치료사가 내담자와 미술치료활동을 하는 데 영향을 미치게 된다.

따라서 두 명의 미술치료사가 미술치료교육을 받은 목적과 교육과정이 같다고 할지라도, 이 두 명의 미술치료사는 매우 똑같은 방식으로 미술치료작업을 하지 않게 된다. 왜냐하면 미술치료사 개개인의 성격과 미술치료사 개개인이 가진 독특한 창의성은 미술치료사 개개인의 미술치료활동에 영향을 미치기 때문이다(Wadeson, 1987).

7. 미술치료사가 유의할 점

1) 아동 그림 관련

미술치료사는 아동이 그린 미술이 지니는 창의성을 아동 개개인의 관점에서 이해하여야 한다. 왜냐하면 미술치료사가 아동을 이해하고 아동이 그린 그림을 아동 삶 전체의 한 부분으로 파악할 경우에만, 아동이 그린 그림이 창의적인 작품임을 알 수 있기 때문이다(Lowenfeld & Brittain, 1982).

아동은 자기 자신에게 중요한 정서적인 사건을 그림으로 그릴 수 있다. 예를 들어, 아동은 자기 집을 태워 버린 불을 그리거나 자기가 겪은 사고를 그릴 수 있다. 어른의 입장에서 볼 경우, 아동의 불 그림이나 사고 그림은 평범한 그림이고 미적(美的) 관점에서 아름답지 못한 그림일 수 있다. 그러나 이런 미술작품은 아동 자신의 삶에서는 중요한 의미를 가질 수 있다. 따라서 미술치료사는 아동이 그림을 그리는 능력에만 관심을 가져서는 안 된다.

그리고 아동의 미술작품이 중요하지 않게 보이고 어정쩡해 보이는 작품일지라도, 미술치료사는 이런 미술작품을 통해서 아동에 대한 귀중한 정보를 얻을 수 있다. 그리고 미술치료사는 이런 정보에 근거해 미술치료 계획을 짜서, 아동이 자신감을 가지고 미적으로 표현하는 방향으로 나아가게 할 수 있다. 그러므로 미술치료사는 아동의 미술작품을 그 나름의 관점에서 파악하여야 한다. 이런 점은 아동의 수준에 상관없이 모든 아동에게 해당되고 있다(Lowenfeld & Brittain, 1982).

2) 내담자의 그림 시작 관련

미술치료사는 내담자가 그림을 시작하지 못하는 상황이 있을 수 있음을 알고 있어야 한다. 물론 일반적으로 미술치료사는 내담자에게 자유롭게 그림을 그릴 것을 장려한다. 그러므로 미술치료사는 창조적으로 그림을 그리기 위해서 어떤 훈련이 필요하지 않다는 점을 강조하고 있고, 또한 그림을 그리는 데 있어 옳지 않은 방법이 없다는 점을 강조하고 있다.

그러나 일부 내담자는 어떤 그림을 그릴지에 대해 계속해서 결정하지 못할 수 있다. 이 경우, 미술치료사는 어떤 사람은 경치를 그리기를 좋아하고 또 어떤 사람은 자기가 아는 사람을 그리기를 좋아한다는 식으로 내담자에게 이야기할 수 있다(DeVore, 1998).

3) 내담자와의 관계 관련

미술치료사는 내담자와의 관계에 항상 관심을 가져야 한다. 왜냐하면 미술치료 과정은 적어도 두 사람 사이의 관계를 포함하기 때문이다. 여기서 두 사람은 미술치료사와 내담자를 말한다(Wadeson, 1987).

일반적으로 내담자와 미술치료사는 미술작품과 그 의미에 대해 서로 이야기를 나누는 치료적 관계(therapeutic relationship)를 통해서 이미지를 살펴보고 있다(Malchiodi & Coolidge, 2000). 그러므로 미술치료사와 내담자 사이의 좋은 관계는 중요하다.

그리고 이와 관련되는 것으로서, 미술치료사는 내담자의 자세에도 주목하여야 한다. 왜냐하면 내담자의 자세는 미술치료사와 내담자 사이에 이야기를 나눌 수 있는 정도에 영향을 미치기 때문이다. 예를 들어, 내담자의 그림에 어떤 갈등적 측면이나 감정이 나타날 경우, 미술치료사와 내담자는 이런 갈등적 측면이나 감정에 대해 이야기를 나눌 수도 있고 나누지 않을 수도 있다. 미술치료사와 내담자가 이런 갈등적 측면이나 감정에 대해 이야기를 나눌 수 있는 정도는, 내담자가 이런 민감한 주제를 다룰 자세를 갖추고 있는 정도에 따라 달라진다(DeVore, 1998).

4) 내담자의 미술작품관리 관련

내담자가 완성한 미술작품과 재료는 미술치료실에 보관하여야 한다. 이 경우, 미술치료사는 내담자가 미술치료를 실시하면서 만든 미술작품을 잘 보관하여야 한다. 왜냐하면 내담자의 미술작품을 존중해 줄 때에 내담자는 자신이 존중받는다고 인식하기 때문이다. 내담자가 갖는 이런 인식은 내담자가 가진 문제를 치료하는 데 크게 도움을 준다.

CHAPTER 05 미술치료의 대상과 과정 및 제공방식

1. 미술치료의 대상

미술치료의 대상은 누구나 될 수 있다. 그러므로 미술치료는 모든 종류의 사람들을 대상으로 할 수 있다.

그러나 현실적으로 미술치료는 신체적 건강이나 정신건강이 취약한 사람들을 대상으로 실시하는 경우가 많다. 따라서 여러 가지 어려움이나 장애를 겪는 사람은 미술치료로부터 도움을 받을 수 있다. 이런 대상의 예로 정서적 문제를 겪는 사람, 행동문제를 겪는 사람, 학습장애를 겪는 사람, 신체적 장애를 겪는 사람, 뇌를 다친 사람, 신경계통에 문제가 있는 사람, 신체적 질병을 가진 사람이 있다(DeVore, 1998; British Association of Art Therapists, n.d.).

미술치료의 대상을 몇 가지 살펴보면 다음과 같다.

1) 사회 취약층

미술치료는 신체적·정신적으로 어려움을 겪고 있는 취약층에게 유용하게 적용될 수 있다. 미술치료의 역사에서 초기에 미술치료를 주로 활용한 대상은 정신건강에서 어려움을 겪는 사람, 재활 서비스를 받고 있는 사람, 특수교육 서비스를 받고 있는 사람이었다(Malchiodi & Coolidge, 2000).

현재의 경우, 미술치료사가 개입하는 내담자들 중에는 장애상태에 있는 사람이 많다. 특히, 미술치료는 언어와 관련해 어려움을 겪는 아동에게 유용하게 활용되고 있다. 이 경우, 아동에게 어려움을 주는 감정을 표현하기 위해 그림을 그리게 하거나 또는 기타 시각적인 방법을 사용함으로써, 아동은 이런 감정을 처음으로 표현할 수 있다. 이것은 아동이 이런 감정을 단어나 말로 나타낼 수 없는 경우에조차도 그렇다(Ford-Martin, 2005; American Art Therapy Association, 1998).

그리고 최근 들어서 미술치료를 활용하는 영역이 더 다양해지고 있다(Malchiodi & Coolidge, 2000). 이런 영역의 예로 신체적 학대와 성적 학대, 가정폭력, 중독, 치매, 호스피스와 말기 질병, 신경질환, 외상 후 스트레스 장애(posttraumatic stress disorders, PTSD)와 관련된 영역을 들 수 있다.

2) 일반 성인

모든 사람은 다음과 같은 것을 할 때의 즐거움을 알고 있다(Scott, 2007).

① 반죽할 수 있는 물질을 가지고 어떤 것을 만든다.

② 손으로 어떤 것을 그린다.

③ 크레용이나 기타 매체를 가지고 어떤 것을 그린다.

따라서 미술치료를 모든 사람에게 즐겁게 적용할 수 있다. 이런 탓에, 미술치료는 일반 성인을 위해서도 매우 유용하게 활용될 수 있다.

그러므로 미술치료사는 나이나 인종 등에 상관없이 모든 대상에게 도움을 줄 수 있다(American Art Therapy Association, 1998; DeVore, 1998).

2. 미술치료의 과정

1) 실시하기 전의 과정

미술치료를 본격적으로 실시하기 전에, 미술치료사는 내담자에게 미술치료를 소개하는 시간을 갖는 것이 유용할 수 있다. 왜냐하면 미술치료활동을 성공적으로 하기 위해서는, 내담자가 미술치료과정을 편하게 대하는 것이 중요하기 때문이다.

이런 소개 시간에 미술치료사는 다음과 같이 할 수 있다(Ford-Martin, 2005).

① 내담자와 미술치료기법에 대해 이야기를 나눈다.
② 내담자가 미술치료과정에 대해 가지는 질문에 답변한다.

2) 실시하는 과정

(1) 과정

미술치료과정은 미술매체나 과제를 내담자에게 제공한 순간부터 시작해서, 미술치료사와 내담자 사이의 상호작용을 거쳐서 작품을 완성하는 단계에 이를 때까지의 과정을 의미한다(옥금자, 2007b).

일반적으로 미술치료활동은 다음과 같은 두 가지 과정으로 이루어져 있다(Ford-Martin, 2005).

① 미술작품을 창조하는 과정이 있다. 이 경우, 미술치료사는 내담자에게 자신이 이야기할 수 없는 생각과 감정을 시각적으로 생각해 보게 한다. 그러고 나서 미술치료사는 내담자의 이런 생각과 감정을 미술작품으로 표현하게 한다.
② 이렇게 해서 얻은 미술작품의 의미를 발견하는 과정이 있다. 이 경우, 미술치료사는 내담자에게 자신의 작품을 검토하게 하고, 자신의 작품이 지니는 의미를 해석하게 한다. 미술치료활동에서 미술작품을 내담자가 '해석'하는 것은 다음과 같은 기능을 하는 경우가 많다. 첫째, 내담자는 자신의 감정에 대해 새롭게 인식하게 된다. 둘째, 이에 따라 내담자는 이런 감정과 관련된 문제를 자신에게 좋은 방법을 써서 헤쳐 나갈 수 있게 된다.

(2) 유의점

미술치료사는 내담자가 작품을 만들거나 작품을 해석하는 데 영향을 미치지 않도록 조심하여야 한다(Ford-Martin, 2005).

3. 미술치료의 제공 방식

1) 대상에 따른 제공 방식

미술치료는 집단을 대상으로 실시할 수도 있고, 개인을 대상으로 실시할 수도 있다. 이외에 미술치료는 가족이나 부부를 대상으로 실시할 수도 있다.

그러므로 대상에 초점을 둘 경우, 미술치료를 제공하는 방식을 개인치료 방식, 부부치료 방식, 가족치료 방식, 집단치료 방식으로 나눌 수 있다. 이것은 내담자가 겪는 어려움의 내용에 따라 달라진다(American Art Therapy Association, 1998; British Association of Art Therapists, n.d.).

각 방식에 대해 구체적으로 살펴보면 다음과 같다.

(1) 개인치료 방식

개인치료 방식은 내담자 개인을 대상으로 미술치료를 제공하는 방식을 말한다.

(2) 부부치료 방식

부부치료 방식은 내담자와 그 배우자를 대상으로 미술치료를 제공하는 방식을 말한다. 부부 미술치료를 실시하는 과정에서는 지루하게 오랫동안 논의하고 따지는 경우가 많다. 이런 과정에서 내담자는 크게 고통을 받고 분노하고 서로를 비난하는 경우가 많다.

그리고 부부 미술치료과정에서 나오는 이야기를 통해서, 다음과 같이 파악할 수 있다(Rober, 2009).

① 부부 사이에 나타나는 의견 차이를 안다.

② 배우자가 서로에 대해 인식하는 바와 자신에 대해 인식하는 바를 안다.

미술치료사가 부부를 대상으로 서비스를 제공할 경우, 미술치료사는 내담자가 자신과 배우자에 대해 어떻게 인식하는지를 알 필요가 있다. 특히, 부부치료 방식의 경우, 미술치료사는 미술치료과정에서 드러나는 감정과 경험을 내담자가 받아들이고 반응하면서 대화하는 분위기에서 서로 이야기를 나누도록 해줄 필요가 있다.

(3) 가족치료 방식

가족치료 방식은 내담자 가족을 대상으로 미술치료를 제공하는 방식을 말한다. 예를 들어, 아동이 있는 가족을 치료하는 경우, 미술치료사는 아동의 부모와 형제·자매가 자신의 감정을 표현하는 데 도움을 줄 수 있고, 또한 가족의 역동적 측면(family dynamics)을 이해하는 데 도움을 줄 수 있다(Malchiodi & Coolidge, 2000).

실제로 미술치료사가 가족과 함께 미술활동을 실시한 결과, 가족관계가 더 좋아진 것으로 나타난 바 있다(DeVore, 1998).

그림 5-1 저자가 실시한 가족미술치료의 작품

(4) 집단치료 방식

집단치료 방식은 집단으로 구성된 내담자를 대상으로 미술치료를 제공하는 방식을 말한다. 집단치료 방식은 병원, 쉼터, 지역사회기관에서 실시되는 경우가 많다.

집단치료 방식은 개인미술치료에 없는 장점을 추가로 가질 수 있다(Ford-Martin, 2005). 왜냐하면 집단치료 방식에서는 참여자들끼리 좋은 방향으로 서로 교류하고, 감정을 함께 나누며, 서로를 지지할 수 있기 때문이다. 예를 들어, 집단치료 방식으로 실시하는 미술치료에서는, 내담자는 다른 사람들도 자기와 비슷한 문제를 가지고 있고 또한 자기와 비슷한 것에 관심을 가지고 있다는 점을 알게 된다.

그림 5-2 저자가 노인복지시설에서 노인을 대상으로 집단미술치료를 실시하는 장면

2) 개인 · 공동에 따른 제공 방식

미술치료사는 미술치료를 집단적으로 제공할 수도 있고 또는 개인적으로 제공할 수도 있다. 따라서 이런 맥락에서 볼 때, 미술치료의 제공방식을 팀 방식과 단독 방식으로 구분할 수 있다.

(1) 팀 방식

팀 방식은 미술치료사가 팀의 한 구성원으로 활동하는 방식을 말한다. 이때에 팀은 미술치료사뿐만 아니라 의사, 심리학자, 간호사, 재활상담사, 사회복지사, 교사 등을 포함하고 있다(American Art Therapy Association, 1998). 이 경우, 이런 팀의 구성원 모두와 함께, 미술치료사는 내담자를 위한 치료 프로그램, 학교 프로그램, 정신건강 프로그램을 설계하고 실시할 수 있다.

실제로 미술치료사는 치료 팀(treatment team)의 구성원으로서 활동하는 경우가 많다. 이와 관련해 학교, 병원, 진료소, 교도소와 같은 기관, 지역복지기관에서 미술치료사를 고용하는 경우가 많다(Malchiodi & Coolidge, 2000).

(2) 단독 방식

단독 방식은 미술치료사 개인이 개업하여 활동하는 방식을 말한다. 이 경우, 미술치료사는 개인이 단독으로 개업하는 방식을 통해서 주요 치료사로서 활동하는 경우가 많다(Malchiodi & Coolidge, 2000; American Art Therapy Association, 1998).

4. 집단미술치료

1) 집단의 중요성과 기능

(1) 집단의 중요성

인간은 집단 안에서 생활하고 있다. 구체적으로 인간은 가족이라는 집단 속에서 살고 있고, 더 나아가서는 직장과 이웃이라는 더 큰 집단 안에서 사회적인 관계를 이루며 살고 있다. 따라서 인간이 가지고 있는 대부분의 관계는 기본적으로 집단 상황에서 나타나는 말과 행동과 상호작용을 통해서 이루어진다.

그러므로 인간의 자아개념, 생활에 대한 인식, 대인관계의 형식도 집단에서의 생활을 통해 이루어지는 경우가 많다(옥금자, 2007b). 이런 탓에, 모든 내담자에게 집단은 중요하다.

(2) 집단의 기능

집단은 여러 가지 기능을 한다. 미술활동과 관련해 집단이 하는 기능을 몇 가지 제시하면 다음과 같다(옥금자, 2007b).

① 치료가 진행되면서 상호작용과 관계가 형성되고 역동과 응집이 일어난다. 이 경우, 집단에서 타인을 통해 자기 자신을 객관적으로 바라볼 수 있게 되고, 또한 자기 스스로에 대한 존재감을 느낄 수 있게 된다.

② 자기와 비슷한 생각과 생활양식을 가지고 있는 집단구성원으로부터 위안을 받게 된다. 그리고 집단 속에서 서로 영향을 주고받는 과정에서 거부감을 불

러일으키는 사람으로부터는 그 원인이 무엇인가를 생각해 볼 수 있게 되고, 또한 내면의 무의식에 가지고 있던 갈등요인을 찾을 수 있게 된다.

2) 집단미술치료의 개념과 장점

(1) 집단미술치료의 개념

집단미술치료는 집단의 위에서 다루었던 기능을 이용한 미술치료를 말한다. 구체적으로 집단미술치료는 비슷한 문제를 가진 집단구성원들이 미술매체를 사용해 집단 안에서 미술활동을 하면서 변화를 만들어 나가는 치료과정을 말한다. 이 경우, 집단역동, 갈등, 관계 맺기 등의 반응을 통해 집단구성원이 스스로 인식하고 통찰함으로써 내면에 변화가 나타나게 된다(옥금자, 2007b).

(2) 집단미술치료의 장점

미술활동을 집단적으로 하는 집단미술치료는 여러 가지 장점을 가지고 있다(전영신, 2015). 일반적으로 집단미술치료는 다음과 같은 장점이 있다(김정희, 2011).

① 집단구성원의 자아체계와 정서적 특성을 강화시키고, 집단구성원이 사회에 참여할 수 있는 능력을 높일 수 있다.

② 동일한 주제를 가지고 그림을 그리는 과정이나 협동작업을 할 경우, 집단구성원은 공동체의식을 갖게 된다. 그 결과, 집단구성원은 개인이 내적으로 가지는 어려움이 자신만의 것이 아님을 알게 되고 서로가 피드백을 보낼 수 있게 되어, 개인미술치료에서는 예상할 수 없었던 새로운 효과가 나타날 수 있다.

③ 집단 속에서 자신의 위치를 객관적으로 바라볼 수 있고, 집단구성원의 행동 중에서 긍정적인 방법을 배울 수 있다. 그 결과, 부정적 상호작용이 감소하고, 감정을 정화시킬 수 있다.

3) 집단의 크기와 구성 및 범위

(1) 집단의 크기와 구성

집단미술치료에서 집단의 크기는 6~10명을 기본으로 하고 있다. 다만, 행동을 통제하기 어려운 아동의 경우에는 4명 정도로 할 수도 있다.

그리고 구성원의 성향이 비슷한 정도, 성별, 내담자의 성향 등에 따라 집단을 다르게 구성할 수 있다(옥금자, 2007b).

(2) 집단의 범위

집단미술치료를 적용할 수 있는 범위는 매우 넓다. 일반적으로 집단미술치료는 방과 후 학교나 지역아동센터와 같은 기관에서 아동들의 내면을 치유할 수 있는 효과적인 방법으로 많이 사용되고 있다. 그밖에도 알코올중독집단과 같은 일반적인 중독집단, 비슷한 정신건강문제를 가진 집단, 노인요양병원에서의 집단, 기타 집단에서도 집단미술치료를 유용하게 사용할 수 있다(옥금자, 2007b; 전영신, 2015).

4) 집단미술치료에서의 치료방법과 유의점

(1) 집단미술치료에서의 치료방법

집단미술치료에서 치료하는 방법에는 다음과 같은 두 가지 방법이 있다(옥금자, 2007b).

① 비지시적 방법이 있다. 비지시적 방법을 사용할 경우, 집단구성원들은 주제와 재료를 마음대로 선택해 활동한다. 비지시적 방법은 집단구성원들이 서로 신뢰하고 있을 때에 사용한다.

② 지시적 방법이 있다. 지시적 방법을 사용할 경우, 미술치료사가 주제와 재료를 제공해 집단구성원이 활동하게 한다. 지시적 방법은 집단구성원들의 자아능력이 약할 때 사용한다.

일반적으로 미술치료사는 비지시적 방법과 지시적 방법을 모두 사용해 치료하는 경우가 많다.

(2) 집단미술치료에서의 유의점

집단미술치료에서 미술치료사는 다음과 같은 점에 유의할 필요가 있다(옥금자, 2007b).

① 내담자가 질문하는 태도의 긍정적 · 부정적 측면을 고려하여야 한다.
② 미술치료사는 집단구성원들 사이의 반응을 살펴보아야 한다. 이때에 집단구성원들에 대한 인식과 태도가 수용적인지, 또는 비판적인지, 또는 공격적인지를 살펴보아야 한다. 또한 어떤 내담자가 자신이 리더십이 있다고 생각해서, 다른 집단구성원들을 조종하려 하거나 개입하려고 하지 않는지를 파악하여야 한다.
③ 미술치료사는 집단미술치료를 의뢰한 담당자와 협조해서, 집단구성원의 성향을 파악하고 집단의 기능과 분위기를 고려한 후에 집단미술치료 프로그램을 작성하여야 한다.

5) 집단미술치료의 과정

(1) 전체적인 과정

집단미술치료의 과정은 내담자가 자신의 분노나 감정을 그림을 통해 드러내고, 스스로 마음을 깨끗이 하면서 자신의 내면을 깨닫고, 배움으로써 집단의 목표에 도달하기까지의 과정을 말한다(옥금자, 2007b).

(2) 구체적인 진행과정

구체적으로 볼 때, 집단미술치료는 다음과 같은 단계를 거쳐 진행되고 있다.

(가) 워밍업 단계

집단미술치료에서는 맨 처음에 워밍업(warming-up, 준비운동)을 실시한다. 워밍업 단계에서는 집단구성원들과 서로 인사를 나누고, 간단한 동작을 통해 몸 풀기를 실시한다. 워밍업 단계에서는 자신을 편하게 표현하고 서로 친밀한 관계가 이루어지도록 분위기를 만든다(옥금자, 2007b).

(나) 초기 단계

워밍업 단계 다음에 오는 단계는 초기 단계이다. 초기단계는 집단미술치료 시간에 사용할 매체를 소개하고, 집단구성원들이 서로 소개하는 시간이다(옥금자, 2007b).

(다) 중기 단계

중기 단계는 집단미술치료에서 개별 작업과 공동작업을 하면서 표현을 통해 자신의 무의식과 만나는 시간이다. 따라서 중기 단계에서는 내담자가 자유롭게 표현할 수 있도록 하기 위해, 미술치료사는 가능하면 관여하지 말아야 한다.

그러나 내담자가 미술치료사에게 도움을 요청할 때에는 도와주어야 하므로, 미술치료사는 내담자를 계속 관찰하여야 한다. 그리고 중기 단계에서는 집단구성원들 사이에 집단에서의 위치를 차지하기 위해 경쟁적인 관계를 이룰 수 있다. 이때에 미술치료사는 이런 경쟁적 관계에 따른 갈등을 없애도록 노력하여야 한다(옥금자, 2007b).

(라) 종결 단계

종결 단계는 그동안 활동하는 과정에서 나온 작품들을 살펴보면서, 자신과 집단의 변화를 인식하면서 서로 나눔의 기회를 갖는 시간이다. 종결 단계에서의 나눔은 집단구성원들이 자신을 인식하고, 자신을 발견하고, 타인의 생각을 알아볼 수 있는 기회를 제공한다. 따라서 종결 단계에서 미술치료사는 가능한 편안하고 안정된 분위기를 만들어 줄 필요가 있다(옥금자, 2007b).

(마) 집단발달 단계

위와 같은 진행과정을 통해 집단구성원들은 집단발달을 이루고, 이에 따라 집단 미술치료가 진행된다. 터크먼(Tuckman)은 이런 집단발달의 단계를 다섯 단계로 제시한 바 있다(표 5-1 참고).

터크먼의 경우, 집단구성원이 역동적인 목표를 향해 움직이는 현상을 통해서 집단발달이 이루어진다고 보고 있다(옥금자, 2007b).

표 5-1 터크먼의 집단발달 단계

단 계	발달과정	특성과 과제	미술치료자의 자세
1(집단 형성)	· 상호 탐색을 통한 자의식 존중 · 초보적인 신뢰감 형성	목표, 역할, 규범, 방향 설정, 불안, 상호의존성	경청, 공감, 배려, 존중
2(집단 갈등)	· 빠른 속도의 상호 의존과 타협	기대, 환상, 욕구불만, 의견불일치, 갈등, 양극화, 경쟁, 투사	집단규범, 구조의 적절성, 억압적 통제의 평가
3(집단 응집)	· 통일성의 증가 · 안정된 소속감 · 우리의식의 증가 · 만족도의 증가 · 안정감의 증가	응집성 형성, 조화, 협동심, 관심, 애착, 집단과의 동일시, 부정적 감정의 제거	우리의식의 증가, 불안 감소, 집단 정체성을 확인시킴
4(과제 수행)	· 상호관계를 통한 통찰 · 행동 변화	갈등에 대한 능동적 처리, 배려, 수용	집단 목표의 재평가를 통한 구성원 지지, 반영하는 자세
5(집단 종결)	· 목표의 달성 · 문제의 해결	자기 개방의 감소, 친밀감과의 분리 경험	집단과정의 회고, 현실 적용, 마무리와 안내

[출처: 옥금자(2007b: 48)를 참조해서 저자가 크게 수정]

CHAPTER 06

미술치료의 장소, 시간, 매체, 색, 효과

1. 미술치료의 장소

미술치료사는 여러 가지 장소(settings)에서 내담자에게 미술치료와 관련된 서비스를 제공하고 있다. 그러나 미술치료를 하는 과정에서 내담자가 미술작품을 만들기 위해서는 적절한 공간이 있어야 한다(Ford-Martin, 2005; DeVore, 1998). 미술치료를 실시하는 공간은 부엌이나 일반 사무실처럼 단순한 공간일 수도 있고, 특별한 스튜디오처럼 환상적인 공간일 수도 있다.

미술치료를 실제로 실시할 수 있는 장소의 예로 미술치료사의 개인 사무실, 미술실, 정신의료기관, 재활기관, 의료기관, 교육기관, 법원이나 교도소와 같은 사법기관, 수용하는 치료시설, 임시 보호소, 미술작업실이 있다(American Art Therapy Association, 1998; DeVore, 1998).

이상적으로 볼 경우, 미술치료를 실시하는 장소는 기본적으로 다음과 같은 조건을 갖추어야 한다(Ford-Martin, 2005).

① 밝고, 조용하고, 편하다.

② 큰 탁자를 갖추고 있거나 편편한 곳이 있다.

2. 미술치료를 하는 시간

내담자가 미술치료라는 창의적인 과정에 편하게 적응하고 이런 과정에 잘 관여하기 위해서는, 내담자는 적절한 시간적 여유를 가지고 있어야 한다. 이것은 다음과 같은 내담자의 경우에 특히 그렇다(Ford-Martin, 2005).

① 자신이 그림을 잘 그린다고 생각하지 않는다.

② 미술치료라는 용어에 익숙하지 않다.

3. 미술치료의 매체와 도구

1) 미술치료의 매체

(1) 미술매체의 개념과 중요성

미술매체(medium)는 표현할 때에 사용하는 재료를 말한다. 미술치료에서 사용하는 매체는 치료하는 시간, 치료하는 공간, 내담자의 성향에 따라 융통성 있게 적용되고 있다. 그런데 내담자가 어떤 매체를 좋아하고 선택하는지는 미술치료를 하는 데 있어 중요하다. 따라서 미술치료사는 매체의 장점과 단점, 매체의 특성, 매체의 사용법 등에 대해 풍부한 지식과 경험이 필요하다(신동열 · 한상희, 2016).

그리고 미술치료를 하는 과정에서 내담자에게 다양한 매체를 제공할 경우, 내담자는 미술치료활동에 관심을 더 가질 수 있다. 이렇게 될 경우, 내담자는 미술작품에서 자신의 감정을 더 풍부하고 더 다양하게 표현하는 방향으로 나아갈 수 있다(Ford-Martin, 2005).

(2) 미술매체의 형태

미술치료에서 자주 사용하는 매체로 종이, 캔버스, 포스터 종이, 물감, 잉크, 마커(marker), 연필, 숯, 분필, 섬유, 끈, 접착제, 진흙, 나무, 유약, 선, 유연한 금속, 자연물이 있다. 여기서 자연물의 예로 달걀 껍데기, 나뭇잎, 흙, 물이 있다(Ford-Martin, 2005).

(3) 미술매체의 특성

(가) 일반적 특성

미술치료사의 경우, 내담자를 진단하기 위해서 미술매체가 지니는 특성을 잘 활용하고 있다. 일부 미술매체가 지니는 특성을 살펴보면 다음과 같다(Brooke, 2004).

① 수채화 물감

수채화 물감을 가지고 하는 작업은 복잡한 덧칠 작업을 포함하고 있다. 수채화 물감은 예측할 수 없고 투명하다. 그러므로 수채화 물감을 사용할 경우, 내담자는 자연스럽게 표현할 수 있게 된다.

그리고 수채화 물감은 통제하기가 어렵다. 그러므로 수채화 물감을 사용하는 내담자는 변화를 받아들이고 절대자를 부정하는 자유스러운 성격을 지니는 경우가 많은 것으로 알려져 있다.

② 유화 물감

유화 물감을 사용하는 작업은 덧칠 작업을 포함하고 있다. 그러므로 유화 물감을 가지고 하는 작업은 시간이 많이 필요로 하는 과정에 속한다.

유화 물감을 사용하는 내담자는 인내심이 많고, 변화를 받아들이며, 미리 결정된 과제를 좋아하는 경우가 많은 것으로 알려져 있다.

③ 연필

연필을 사용하는 것은 통제를 하고 경계를 분명히 하고자 하는 욕구가 있음을 보여 주는 것일 수 있다.

④ 핑거 페인트

핑거 페인트(finger-paint)는 직접적으로 표현하는 매체이다. 핑거 페인트는 스트레스를 내보내는 데 유용한 도구로 알려져 있다.

그림 6-1 핑거 페인트를 사용해 작업하는 아동들

(나) 통제에 따른 특성

미술매체들은 통제하는 정도에서 서로 차이가 나고 있다. 랜드가튼(Landgarten)의 경우, 가장 낮은 통제를 받는 미술매체에서 가장 높은 통제를 받는 미술매체까지를 체계적으로 구분하고 있다(그림 6-2 참조)(신동열 · 한상희, 2016).

젖은점토	그림물감	부드러운점토	오일파스텔	두꺼운켄트지	굵은마커펜	콜라주	단단한점토	얇은켄트지	가는마커펜	색연필	연필
1	2	3	4	5		6	7		8	9	10
낮음 ⟵ 통제의 정도 ⟶ 높음											

그림 6-2 미술매체의 특성

[출처: 신동열 · 한상희(2016: 192)를 저자가 약간 변형해 제시][원출처: Landgarten(1987)]

그림 6-2에서 오른쪽으로 갈수록 통제가 높은 매체이고, 왼쪽으로 갈수록 통제가 낮은 매체이다. 예를 들어, 색연필이나 연필은 정밀하고 세부적인 묘사를 할 수 있어서, 통제가 강한 매체이다. 그러나 젖은 점토나 그림물감은 통제가 약한 매체이다.

통제가 낮은 매체들 중에서 물기가 많은 점토, 물감, 핑거 페인트 등은 퇴행을 더 가져올 수 있는 특성이 있는 매체로 알려져 있다. 따라서 이런 매체는 경직되고 긴장감이 높은 성격의 내담자에게 유용하다. 그러나 이런 매체는 자아경계가 불분명하고 충동적인 성격의 내담자에게는 제한적으로 적용하는 것이 좋다. 왜냐하면 이런 매체는 내담자의 충동적 성격을 더욱 심화시킬 수 있기 때문이다.

하지만 색연필이나 사인펜과 같이 딱딱한 특성의 매체는 통제의 정도가 높은 매체이다. 이런 매체는 충동적 성격을 관리하기에 좋은 매체이다(신동열 · 한상희, 2016)

그러므로 때에 따라서, 내담자의 성향과 반대되는 특성을 가진 매체를 의도적으로 사용하는 것이 유용할 수 있다. 내담자의 성향과 반대되는 특성을 가진 매체를 의도적으로 사용할 경우, 내담자의 내면세계에 억압된 부분을 완화시켜 줄 수 있다(신동열 · 한상희, 2016).

2) 미술치료의 도구

미술치료과정에서는 가위, 붓, 이젤(easel), 문구를 담는 접시, 앞치마, 청소도구와 같은 것도 갖추고 있어야 한다(Ford-Martin, 2005).

3) 유의점

(1) 일반적 유의점

매체와 도구를 선택할 때에는 내담자의 성격을 주의 깊게 고려하여야 한다. 그리고 미술치료사는 내담자가 정해진 시간에 작품을 완성할 수 있도록 매체와 도구를 선택하여야 한다.

또한 너무 많은 양의 재료나 도구를 사용하지 말아야 한다. 왜냐하면 너무 많은 양의 재료나 도구를 사용하면 내담자가 두려워할 수 있기 때문이다. 그리고 내담자를 심리적으로 좌절하게 만드는 재료들의 특성을 잘 고려하여야 한다. 이런 재료의 예로 쉽게 찢어지는 종이나 잘 부서지는 분필이 있다(신동열 · 한상희, 2016).

그림 6-3 내담자의 고착성이 매체를 통해 표현된 작품

(2) 미술매체 활용 시의 유의점

미술치료를 위한 매체를 활용할 경우, 다음과 같은 점에 유의할 필요가 있다(신동열 · 한상희, 2016).

① 내담자가 선택하기 쉬워야 한다.
② 내담자의 욕구를 충족하기에 적절하고, 치료하려는 목표에 적절하여야 한다.
③ 주변에서 구하기 쉽고 언제든지 사용할 수 있으며 적은 경비로 구입할 수 있는 재료일수록 더 좋다.
④ 폐품을 활용할 수 있으면 활용하여야 한다.
⑤ 재료의 질이 좋아야 한다.
⑥ 안전하고 깨끗하여야 한다.
⑦ 내담자의 기술로 완성할 수 없는 것은 사용하지 말아야 한다.

4. 미술치료와 색

1) 일반적 논의

수천 년 동안 인간은 옷을 만드는 데 색(color)을 사용해 왔다. 사실, 인류가 거쳐 온 모든 문화에서는 색을 사용하고 있다. 그리고 문화에 따라서 색은 특정한 의미를 지니는 경우가 많다. 예를 들어, 어떤 색은 죽음과 애도를 가리키기 위하여 사용되고, 어떤 색은 찬양을 가리키기 위하여 사용되고 있다(Minde, 1993).

미술치료와 관련시켜 볼 경우, 색은 감정을 표현하기 위해 사용될 수 있다. 인간이 감정을 표현하기 위해서 일상적으로 쓰는 말 중에도 색과 관련된 경우가 있다. 예를 들어, 우울함에 대한 영어 표현은 푸른색을 뜻하기도 하는 'blue'이다(Brown, 1997).

내담자 개인은 색에 대해서 자기 나름의 특정한 의미를 붙이는 경우가 많다(Minde, 1993). 내담자가 색을 어떻게 사용하는지를 보고서, 미술치료사는 내담자와 관련한 정보를 얻을 수 있다. 즉, 주요한 색은 무엇이며, 사용하지 않는 색은 무엇이고, 감추기 위한 색은 어떤 색인지를 알음으로써, 미술치료사는 내담자에 대한 정보를 얻을 수 있다.

2) 색에 대한 일반적 연상

색이 나타내는 상징에 대해서 그동안 여러 가지 의견이 있어 왔다. 하지만 특정한 색에 특정한 의미를 주는 것은 쉬운 일이 아니다. 물론 그동안 색이 나타내는 의미에 대해 많은 연구가 있어 왔다. 그러나 내담자가 색을 사용할 경우, 내담자는 한 가지 색이나 여러 가지 색을 혼합한 것에 자기 나름의 독특한 의미를 줄 수 있다(Malchiodi, 1998).

표 6-1은 일반적으로 색에 따라 연상되는 특징을 제시한 것이다. 이 표를 통해서, 색은 어느 때에는 의미가 서로 모순적일 수도 있고, 또한 어느 때에는 의미가 애매모호할 수도 있다는 점을 알 수 있다. 예를 들어, 빨간색은 사랑과 연관이 될 수도 있지만, 분노와 연관이 될 수도 있다. 사랑과 분노가 서로 다른 감정을 나타낸다는

점을 고려할 때, 색과 관련된 연상은 모순적이고 모호한 측면이 많다고 볼 수 있다. 그러므로 색을 가지고 판단할 경우, 이런 점에 주의하여야 한다(Malchiodi, 1998).

표 6-1 색에 따라 연상되는 특징

색	연상되는 특징
빨간색	출생, 피, 불, 감정, 따뜻함, 사랑, 정열, 상처, 분노, 열, 삶
오렌지색	불, 수확, 따뜻함, 에너지, 불운, 소외, 공격성, 권력
노란색	태양, 빛, 따뜻함, 지혜, 직관, 희망, 기대, 에너지, 부유함, 남성적임
초록색	지구, 출산, 식물, 자연, 성장, 새로움의 연속, 질투, 과대 보호, 창의성
파란색	하늘, 물, 바다, 천국, 정신적임, 완화, 깨끗이 함, 번창, 조용, 충성
자주색	왕위, 정신적임, 부, 권위, 죽음, 부활, 상상, 주목, 흥분, 박해
검은색	어둠, 비어 있음, 신비, 시작함, 자궁, 무의식, 죽음, 우울, 상실
갈색	출산, 땅, 슬픔, 뿌리, 배설물, 더러움, 가치 없음, 새로운 시작
흰색	빛, 처녀성, 순수, 달, 정신적임, 창조, 무한, 꿈같음, 생식, 부활, 맑음, 상실, 종합, 계몽

출처: Malchiodi(1998: 157)

3) 색의 치료로서의 활용

오래전부터 동양에서는 색을 우리의 몸에 있는 장기를 치료하는 데 활용해 왔다. 이와 관련된 다섯 가지 색은 빨강, 노랑, 파랑, 검정, 흰색이다. 이런 색은 간장, 위장, 대장, 폐, 심장을 치료하는 데 효과가 있는 것으로 밝혀지고 있다(박광수, 2005).

5. 미술치료의 효과

1) 내담자에게의 효과

그동안의 여러 학술적 연구를 통해서, 미술치료가 정신건강 분야에서 유용하다는 점이 증명되고 있다(Ford-Martin, 2005). 무엇보다도 미술치료활동에 참여할 경우,

내담자는 자신의 감정과 생각을 비판적으로 알 수 있는 것으로 밝혀지고 있다.

일반적으로 미술치료활동에 참여할 경우, 내담자에게 다음과 같은 효과가 있는 것으로 알려져 있다(Ford-Martin, 2005; 박승숙, 2013; 전영신, 2015; 노대겸, 2015).

① 자신을 발견하게 한다. 따라서 미술치료과정을 가장 잘 마칠 경우, 내담자는 정서적으로 편해질 수 있게 된다.

② 개인적 성취감을 맛보게 한다. 미술작품과 같이 눈에 보이는 것을 만들 경우, 내담자는 자신감을 얻을 수 있고 또한 자신이 가치가 있는 존재라는 감정을 더 가질 수 있다. 예를 들어, 우리나라에서 저소득층의 초등학교 아동을 대상으로 집단미술치료를 실시한 결과, 자신이 가치 있다고 인식하는 정도가 증가한 것으로 나타난 바 있다. 그리고 개인적 성취감은 다음과 같은 두 가지 과정 모두에서 얻을 수 있다. 첫째, 미술작품을 만드는 창의적인 과정에서 얻을 수 있다. 둘째, 미술작품을 분석하는 과정에서 얻을 수 있다.

③ 능력을 더 갖게 한다. 미술치료활동은 내담자가 일반적인 수단을 통해서는 표현할 수 없는 감정과 두려움을 시각적으로 표현하는 데 도움을 줄 수 있다. 이에 따라서 미술치료활동에 참여할 경우, 내담자는 자신의 이런 감정을 일부 통제할 수 있다고 인식하는 방향으로 나아갈 수 있다.

④ 스트레스를 줄인다. 미술치료 한 가지만을 실시하거나 또는 기타 치료방법을 미술치료와 함께 실시할 경우, 미술치료는 스트레스를 효과적으로 줄이는 데 크게 도움을 줄 수 있다.

⑤ 신체적 고통을 줄인다. 미술치료는 내담자가 신체적 고통을 극복하는 데 도움을 줄 수 있다. 내담자가 미술치료를 통해 분노, 억울함, 스트레스를 주는 기타 요인을 파악해서 미술작업으로 활동할 경우, 미술치료는 심리적으로 더 나은 상태에 이르는 데 도움을 줄 수 있다. 미술치료가 이런 효과를 보여 주기 때문에, 지속적으로 아프거나 말기 환자에게는 고통을 줄이는 치료를 실시한 후에 미술치료를 실시하는 경우가 많아지고 있다.

2) 전망과 과제

여러 연구에서 심리적 복리와 신체적 건강 사이에 관계가 있다는 사실이 밝혀지고 있다. 이에 따라서 의학 분야에서는 인간의 질병을 치료하기 위해 미술치료를 점점 더 많이 받아들이는 방향으로 나아가고 있다(Ford-Martin, 2005).

하지만 그동안 미술치료를 널리 활용해 왔지만, 미술치료가 얼마나 실제로 치료하는 효과가 있는지(effectiveness)에 대해서는 많이 연구되지 않은 상태이다(Malchiodi & Coolidge, 2000).[13] 이런 맥락에서 미국 미술치료학회(American Art Therapy Association)는 미술치료 분야에서 성과(outcome) 측면을 연구하는 데 더 관심을 가지도록 권장한 바 있다. 왜냐하면 성과 분석을 실시할 경우, 미술치료과정이 다양한 내담자 층에게 어떻게 도움을 주는지를 더 잘 알 수 있기 때문이다.

13) 일반적으로 다른 학문 분야에 비해서, 예술의 효과나 성과에 대해 체계적으로 연구한 경우는 적은 편이다. 즉, 예술활동에 참여하는 것이 정신건강에 미치는 효과에 대한 경험적인 증거는 부족한 편이다(Hacking, Secker, Kent, Shenton & Spandler, 2006).

CHAPTER 07

미술치료에 대한 관점과 미술치료 형태

1. 미술치료에 대한 관점

1) 관점의 분류

그동안 미술치료에 대해서 여러 가지로 정의해 왔다. 그러나 말치오디와 쿨릿지(Malchiodi & Coolidge, 2000)의 경우, 이런 정의의 대부분은 치료적 관점(art as therapy)과 진단적 관점(art psychotherapy)에 따라서 제시된 것이라고 정리하고 있다.

두 가지 관점을 구체적으로 살펴보면 다음과 같다.

(1) 치료적 관점

치료적 관점은 미술을 치료도구로 보는 관점을 말한다. 치료적 관점은 미술작품을 만드는 창의적인 과정이 치료효과가 있다는 점에 근거하고 있다.

치료적 관점의 경우, 미술활동에 관여하면 시간이 지남에 따라 자아를 실현하고 변화할 수 있게 된다고 보고 있다. 예를 들어, 치료적 관점의 경우, 미술활동과 같은 창의적인 과정에 관여하면, 건강이 더 좋아지고 자신이 내적으로 더 성장할 수 있다고 보고 있다(Malchiodi & Coolidge, 2000).

치료적 관점을 따르는 학자를 몇 사람 제시하면 다음과 같다(Malchiodi & Coolidge, 2000; Brown, 1997).

① 헌툰(Huntoon)이 있다. 헌툰의 경우, 미술의 치료적 효과는 진단하거나 상징적 의미를 알아내는 데 있는 것이 아니라 미술을 만드는 과정에 있다고 보고 있다.

② 크레이머(Kramer)가 있다. 크레이머의 경우, 창조적인 미술작품활동에 관여할

때에 나타나는 심리적인 과정에 미술치료의 치유 효과가 있다고 보고 있다.

③ 브라운(Brown)이 있다. 브라운의 경우, 더 창의적으로 나아가기 위해 중요한 것은 그림에 대해서 판단하지 않는 태도를 가지는 것이라고 보고 있다. 특히, 브라운의 경우, 내담자가 그린 그림을 분석하지 않도록 조심하라고 충고하고 있다. 왜냐하면 그림을 분석하고 비평하는 데 치우치다 보면, 내담자가 창의적으로 표현하지 못하게 될 수 있기 때문이다.[14)]

(2) 진단적 관점

진단적 관점은 미술의 의사소통 측면에 주목하는 관점을 말한다. 진단적 관점은 미술이 상징적 의사소통의 한 수단이라는 점에 근거하고 있다.

진단적 관점의 경우, 미술치료를 통해서 얻어진 작품은 내담자의 문제점과 감정과 갈등을 전달하는 데 도움을 준다는 점을 강조하고 있다. 그러므로 진단적 관점에 따르면, 미술 이미지는 미술치료사와 내담자 사이에 말로 더 잘 소통하는 데 중요한 역할을 하고 있다(Malchiodi & Coolidge, 2000).

미술치료를 연구하는 중요한 학자들 중에는, 자기 나름의 진단방법을 개발한 학자가 많다(Vick, 2003; Malchiodi, 1998). 예를 들어, 1906년에 독일의 정신의학자인 모어(Mohr)는 심리적 목적을 가지고 그림 테스트를 처음으로 개발하였다. 그리고 1926년에 굿이너프(Goodenough)는 아동을 대상으로 그림 검사법을 개발하였다. 이 검사법의 경우, 내담자가 사람을 그린 그림에서 세밀한 부분의 수를 셈으로써 내담자의 지능을 측정하고자 하였다. 굿이너프와 기타 연구자들은 이와 같은 사람 그리기 검사법을 통해서, 그림을 그린 아동의 지능뿐만 아니라 성격도 알 수 있다고 보았다.

오늘날의 경우에도, 미술작품은 작품을 만든 사람의 심리적 경험을 반영하는 것이라고 보는 관점이 미술치료에서 중요한 자리를 차지하고 있다(Vick, 2003).

---

14) 이와 관련하여 브라운(Brown, 1997)은 다음과 같은 일화를 소개하고 있다: 브라운은 정신병원에서 실시하고 있는 집단미술 프로그램에 관여한 바가 있었다. 이 집단구성원들은 여러 가지 그림을 그렸고, 이 그림을 벽에 붙여 놓았다. 얼마 후에 이 프로그램에 정신과 의사가 들어와서는, 그 그림의 밑에 깔린 정신적 상태에 대해 이야기하기 시작하였다. 이에 대하여, 프로그램의 담당자는 정신과 의사를 물끄러미 쳐다본 후에, 그 의사에게 "그림이 의미하는 바를 분석하려고 아예 하지 마십시오. 그림은 그 자체입니다. 그림의 목적은 그림입니다."라고 말하였다.

미술치료의 접근방식과 심리학의 접근방식의 차이점

미술작품을 진단하는 것과 관련해, 심리학에서 취하는 접근방식과 미술치료에서 취하는 접근방식은 서로 다르다. 이런 차이점을 몇 가지 제시하면 다음과 같다(Vick, 2003).

① 미술치료의 관점에서는, 미술작품을 만들고 미술작품을 감상하는 것은 내담자를 치료하는 기능을 한다고 보고 있다. 그러나 심리학자들은 이런 견해에 항상 동의하지 않을 수 있다.

② 심리학자에 비해서, 미술치료사는 다음과 같은 경향이 있다. 첫째, 더 다양하고 더 표현적인 매체를 사용한다. 둘째, 내담자의 작품을 해석하는 데 있어 내담자의 역할을 강조한다.

③ 심리학자에 비해서, 미술치료사는 표준화된 진단방법을 그때그때 맞추어 사용할 가능성이 더 크다.

2) 현황과 유의점

(1) 전반적 현황

대부분의 미술치료사들이 내담자를 대상으로 활동할 경우, 실제로는 위의 두 가지 관점을 모두 활용하고 있다. 즉, 미술치료사의 경우, 미술활동에 참여하는 그 자체가 치료를 제공하는 과정이라는 관점과 미술작품을 통해서 내담자의 성격과 개인적 성장 · 변화와 같은 것에 대한 정보를 얻을 수 있다는 관점을 모두 중요하게 인식하고 있다.

그러나 미술치료사는 위의 두 가지 관점들 중에서 한 가지 관점을 더 강조할 수 있다. 어느 관점을 더 강조할 것인지는 미술치료사가 가지고 있는 철학, 내담자의 욕구, 미술치료의 목적에 따라 달라질 가능성이 크다(Malchiodi & Coolidge, 2000).

(2) 유의점

말치오디(Malchiodi, 1998)의 경우, 미술치료에서 미술작품의 의미에 대해 관심을 가질 수도 있겠지만, 미술치료사는 미술활동에 관여하는 내담자가 자기 나름의 해석을 내리도록 도와주는 데 더 관심을 가지는 경우가 많다고 주장하고 있다. 내담자가 자기 작품에 대해 생각해 보게 하는 것은 미술치료과정에서 중요한 역할을 하고 있다.

이렇게 되는 이유를 몇 가지 제시하면 다음과 같다(Malchiodi, 1998).

① 내담자가 자신을 그림으로 표현하는 방법은 매우 개인적인 경우가 많기 때문이다. 내담자가 그림작업을 할 경우, 내담자는 자기 나름의 독특한 배경을 반영하게 된다. 이런 배경은 과거에 생활한 경험, 문화적 영향, 개인의 관점을 포함하고 있다.

② 내담자가 미술활동에 얼마나 관여하였는지에 따라서, 내담자가 자신의 감정이나 생각을 그림으로 전달하는 방식에서 차이가 나기 때문이다.

③ 미술 이미지가 가지는 의미는 그 그림을 보는 사람에 따라서 달라지기 때문이다. 예를 들어, 두 사람이 같은 그림을 볼지라도, 각각은 그림의 다른 측면을 볼 수 있다. 따라서 이 경우, 각각은 이미지가 의미하는 바에 대해 서로 매우 다르게 해석할 수 있다.

④ 미술표현이 지니는 의미는 시간이 지남에 따라 변할 수 있기 때문이다. 예를 들어, 미술치료사가 그림을 몇 주 후에 다시 볼 경우, 미술치료사는 그림의 새로운 측면을 보게 되고 그에 따라 그 그림을 새롭게 해석하고 반응할 수 있다.

그림을 가지고 성격을 간접적으로 파악하는 것에 대한 관심은 오늘날에도 계속되고 있다(Malchiodi, 1998).

2. 이론적 접근방식에 따른 미술치료 형태

1) 미술치료의 이론적 접근

미술치료는 다양한 학문 분야와 관련되어 있다. 그러므로 미술치료에서는 다양한 이론적 접근방식을 적용하고 있다(Serlin, 2007; Malchiodi & Coolidge, 2000).

특히, 미술치료는 미술 및 심리학 분야와 크게 관련되어 있다. 이 중에서도 미술치료에서는 인간발달이론과 심리학이론을 크게 토대로 삼고 있다. 그리고 미술치료에 가장 기본적인 토대를 마련한 이론은 프로이드(Freud)와 융(Jung)의 이론이다. 왜냐하면 프로이드의 연구와 융의 연구를 통해서, 미술 표현을 사용해 인간의 내면 세계를 이해할 수 있다고 확신하게 되었기 때문이다(Malchiodi & Coolidge, 2000; American Art Therapy Association, 1998; 전영신, 2015).

하지만 이 외에도 미술치료에서 취하는 이론적 접근방식에는 여러 가지가 있다. 이런 접근방식에 따른 미술치료를 몇 가지 살펴보면 다음과 같다.

2) 정신역동적 접근방식에 따른 미술치료

정신역동적 접근방식은 의식적인 힘과 무의식적인 힘의 측면에서 개성을 설명하는 접근방식을 말한다(Chegg Study, 2017). 정신역동적 접근방식을 취하는 주요한 미술치료로 정신분석 미술치료, 분석심리 미술치료, 대상관계 미술치료가 있다. 각각의 미술치료에 대해 구체적으로 살펴보면 다음과 같다.

(1) 정신분석 미술치료

정신분석(psychoanalytic) 미술치료는 프로이드의 이론과 관련이 있다. 프로이드의 경우, 19세기 말에 들어서 꿈에 나타난 이미지에 대해 연구하였다. 미술치료가 발달한 초기 역사부터, 프로이드와 그를 따르는 사람들의 관점은 미술치료에서 중요한 부분을 이루고 있다(Malchiodi & Coolidge, 2000; Vick, 2003).

정신분석이론에 따르면, 내담자(특히, 아동)의 그림은 다음과 같은 특성을 지니는 경향이 있다(Isaksson, Norlen, Englund & Lindqvist, 2009).

① 한편으로 내담자는 자신이 느끼는 것을 그린다. 즉, 내담자는 무의식적인 생각과 감정을 그림으로 표현한다.

② 다른 한편으로 내담자는 전형적인 이미지를 그린다. 즉, 내담자는 여러 세대를 통해 발달되어 왔고 전통적으로 내려온 시각적인 그림 형태를 반복해서 그리는 경향이 있다.

그리고 정신분석이론에서는 인간이 다른 사람과 맺는 관계에서 자신의 정체감을 발견하고 발달시키는 것에 주목하고 있다(김말숙, 2007).

한편, 일반적으로 정신분석 미술치료에서는 내담자가 상상이나 자유연상에 의해 자유롭게 표현하고 즉흥적으로 표현하는 것을 중요하게 보고 있다. 나움버그(Naumburg)의 경우, 정신분석적 접근방식을 사용해 무의식적 이미지와 상징이 의식적으로 나타나게 하고자 미술치료를 사용한 바 있다(Serlin, 2007; 김말숙, 2007).

그림 7-1 프로이드와 융(1909년에 찍은 사진: 앞줄 왼쪽 인물이 프로이드이고, 오른쪽 인물이 융)

[출처: Wikipedia(2017)]

(2) 분석심리 미술치료

융은 무의식의 세계에서 오는 이미지를 강조하였다. 따라서 미술치료에서 융의 분석적이고 전형적인 심리학의 개념을 사용한 것은 당연한 일이다. 그러므로 융의 이론을 통해서, 이미지가 가진 상징적 의미를 이해할 수 있게 되었다. 특히, 융이 관심을 가진 것은 미술 표현이 지니는 심리적 의미와 이 미술 표현을 치료하는 데 실제로 응용하는 것이었다. 이 경우, 미술 표현에는 융 자신이 그린 그림과 그의 환자가 그린 그림(예컨대, 그림 7-2)이 포함되어 있다(Vick, 2003; Malchiodi & Coolidge, 2000).

그림 7-2 융의 환자가 그린 만다라 그림

[출처: Wikipedia(2017)]

(3) 대상관계 미술치료

대상관계(object relations)이론은 정신분석이론을 근거로 삼아 현대에 등장한 이론이라고 볼 수 있다. 대상관계이론에 바탕을 두어 미술치료를 실시하는 접근방식의 경우, 인간은 관계를 형성하고 유지하려는 타고난 욕구를 가지고 있다고 보고 있다. 또한 대상관계이론의 경우, 인간의 성격에 영향을 미치는 것은 사람을 둘러싸고 있는 관계라고 보고 있다(Malchiodi, 2003).

여기서 대상관계는 개인이 다른 사람들과 현재 맺고 있는 상호작용에 영향을 미치는 사람들 사이의 관계(interpersonal relationships)를 일컫는다. 이 경우, 상호작용은 현실(reality)에서의 상호작용과 환상(fantasy)에서의 상호작용 모두를 가리킨다. 대상관계이론은 내담자가 어릴 때에 맺은 관계와 경험을 현재의 관계에 덧붙이는(superimpose) 방식을 이해하기 위한 틀로 사용될 수 있다.

3) 인간 중심 미술치료

인간주의적 접근방식의 경우, 인간은 성장하고 발달하는 과정에 있다고 보면서 인간의 성격과 인간의 조건에 대해 낙관적으로 보고 있다. 그리고 인간주의적 접근방식에서는, 인간은 자신의 운명에 대해 책임질 수 있는 능력을 가진다고 보고 있다(Vick, 2003).

인간주의적 접근방식은 인간 중심 상담과 크게 관련되고 있다. 인간 중심 상담을 주장한 학자는 로저스(Rogers)이다.

인간 중심 상담은 인간은 자신이 가진 문제를 해결할 수 있는 내재적인 능력을 가진 존재라는 인식에 근거하고 있다. 인간 중심 상담의 경우, 인간은 본질적으로 믿을 만하고 사회적이며 창조적인 존재라고 보고 있다. 또한 인간은 존경받고 신뢰하는 분위기에서는 긍정적이고 건설적인 방향으로 발달하려는 경향을 가지고 있으며, 인간은 적응하지 못하는 상태에서 심리적으로 건강한 상태로 변화할 수 있는 타고난 능력을 가지고 있다. 이런 탓에, 인간 중심 상담에 근거한 치료사는 내담자를 무조건 존중하고 정확하게 공감하고 있다(정현희, 2006).

그러므로 인간 중심 미술치료의 경우, 미술이라는 매체를 사용해 인간의 잠재력과 성장 가능성을 키워주는 데 주목하고 있다. 이렇게 되면, 인간은 창의적인 힘을 개발하고 자아를 실현하는 방향으로 나아가게 한다.

인간 중심 미술치료에서 미술치료사는 내담자를 공감하고 있다. 인간 중심 미술치료에서는 내담자가 좋지 않은 상태에 있더라도 내담자는 무한한 성장 가능성을 지닌 존엄한 존재로 인식하고 있다. 따라서 인간 중심 미술치료에서 미술치료사는 내담자가 자신을 마음껏 표현하도록 긍정적이고 안전한 분위기를 제공하고 있다. 왜냐하면 미술치료사가 내담자의 부정적인 모습을 완전히 수용하고 신뢰할 경우, 내담자는 자신을 드러내며 자신의 더 깊은 마음을 탐색하기 때문이다(정현희, 2006).

인간 중심 미술치료의 경우, 목표를 세우는 데 있어 다음과 같이 가정하고 있다(신동열 · 한상희, 2016).

① 내담자는 정신적으로 병든 사람이 아니라, 심리적 · 환경적 요인 때문에 생긴 갈등을 해결하려고 노력하는 중에 특정한 어려움을 만난 사람이다.

② 살면서 성공적으로 대처하지 못하는 것, 자아를 실현하지 못하는 것, 의미를 찾지 못하는 것, 정체성을 이루는 길을 발견하지 못하는 것은 사람들의 삶에 영향을 줄 수 있는 보편적인 현상이다.

4) 게슈탈트 미술치료

게슈탈트(Gestalt)는 통합되어 있는 구조라는 의미를 지니는데, 일반적으로 전체 또는 형태로 번역되고 있다. 게슈탈트 미술치료는 미술을 활용해 게슈탈트 심리치료를 하는 것이다(정현희, 2006).

게슈탈트 미술치료의 경우, 각 심리적 요소는 서로 관련되어 나타난다고 보면서, 전체의 관점에서 통합적으로 이해하는 데 주목하고 있다. 그리고 게슈탈트 미술치료에서는 내담자가 자신의 잠재적인 능력을 실현하는 데 도움을 주고 있다. 이를 위해 게슈탈트 미술치료에서, 미술치료자는 내담자가 스스로 방향을 더 잘 정하고 스스로 동기를 찾도록 돕는 역할을 하고 있다.

게슈탈트 미술치료에서는 여러 가지 활동을 활용할 수 있다. 예를 들어, 게슈탈트 미술치료에서는, 자신을 언어로 표현하지 못하거나 표현하기 힘들어하는 내담자에게 적절한 미술매체를 사용해서 자기를 표현하도록 도와줄 수 있다(신동열 · 한상희, 2016; 정현희, 2006).

그림 7-3 **전체 느낌을 표현한 게슈탈트 미술치료**

5) 행동주의 미술치료

행동주의의 경우, 인간은 환경의 산물이며 단지 환경에 반응하는 존재라고 보고 있다. 따라서 행동주의에서는 인간의 행동은 학습될 수 있고, 학습된 행동은 없어질 수 있다고 보고 있다. 이 경우, 정서적 반응도 학습된다고 보고 있다. 이때에 행동이 다시 나타날 가능성을 증가시키는 것을 강화라고 부르고 있고, 반대로 행동이 다시 나타날 가능성을 감소시키는 것을 처벌이라고 부르고 있다.

행동주의에 근거한 치료에서는 겉으로 드러나는 행동을 변화시키는 것을 목표로 삼고 있다. 적응하지 못하는 행동은 잘못된 학습의 형태로 볼 수 있다. 따라서 행동주의에 근거한 치료의 경우, 행동을 유발시키고 지속시키는 환경과 사건에 관심을 가지고 있다. 그러므로 행동주의에 근거한 치료에서는 내적 심리상태의 변화에 주목하는 것이 아니라, 구체적인 문제행동을 변화시키는 데 주목하고 있다.

그러므로 행동주의 미술치료는 발달장애를 가진 아동이나 행동문제를 가진 성인에게 유용하다. 특히, 행동주의 미술치료와 관련해 유용한 기법은 행동형성 기법이다. 행동형성 기법은 미술치료 기법과 행동치료 원리를 결합한 것인데, 여기에는 교육적 조치가 포함되어 있다(정현희, 2006).

6) 인지행동 미술치료

인지행동이론에서는 부적응 행동이나 증상은 개인의 사고가 비합리적이기 때문에 나타난다고 보고 있다. 따라서 인지행동이론에 근거한 치료과정에서는, 내담자가 자신의 비합리적이고 부정적인 사고를 인식하도록 하고 있다.

그러므로 인지행동 미술치료의 경우, 미술 표현을 활용해 사고나 신념을 인식할 수 있도록 도와주고, 비합리적 사고를 이해하며 수정할 수 있도록 하는 데 주목하고 있다(정현희, 2006).

CHAPTER 08 미술활동과 아동발달 및 아동미술치료

1. 미술활동이 아동발달에 미치는 영향

미술활동은 여러 영역에서 아동발달에 영향을 미치고 있다. 구체적으로 미술활동은 아동이 건전하게 발달하는 데 다음과 같이 영향을 미치는 것으로 알려져 있다 (Fox & Berry, 1999; Paul Getty Trust, 1999; Lowenfeld & Brittain, 1982; Seidal, 1996).

1) 정서적 발달

미술활동은 아동이 정서적으로 발달하는 데 영향을 미치고 있다. 아동이 미술활동에 관여할 경우, 아동은 정서적으로 만족하게 된다. 이때에 아동에게 이런 정서적 만족감이 생기는 이유로 다음과 같은 점을 들 수 있다.

① 아동이 재료를 통제할 수 있기 때문이다.

② 아동은 미술활동에서 자율적으로 결정을 내릴 수 있기 때문이다.

또한 이미 앞장(제1장)에서 설명한 것처럼, 미술활동은 아동에게 자기가 생각하고 느끼는 것을 표현하는 기회를 제공함으로써, 아동의 자아존중감을 키워주고 있다. 이에 따라 미술활동은 아동이 정서적으로 발달하는 데 도움을 주고 있다.

2) 감각적 발달

미술활동은 아동이 감각적으로 발달하는 데 영향을 미치고 있다. 왜냐하면 미술활동에서는 시각적 관찰을 크게 강조하기 때문이다. 이 경우, 시각적 관찰은 색깔, 형태, 공간에 대한 감각을 발달시키는 것을 말한다.

감각을 가꾸고 발달시키는 것은 아동의 미술활동에서 중요한 부분을 차지하고 있다. 감각적 경험이 지니는 의미와 감각적 경험의 질은 삶의 즐거움과 학습능력에 영향을 미친다. 따라서 아동이 미술활동을 통해 감각적으로 더 발달하는 것은 큰 의미를 지니고 있다.

3) 사회적 발달

미술활동은 아동이 사회적으로 발달하는 데 영향을 미치고 있다. 왜냐하면 아동이 성장함에 따라, 아동이 사회환경에 대해 인식한 것이 아동의 미술작품에 점점 더 반영되기 때문이다. 구체적으로, 아동이 그림을 그리고 색칠하는 것은 아동이 자신의 경험과 다른 사람의 경험을 동일하게 보는 정도를 반영하고 있다.

매우 어린 아동이 그림을 자유롭게 그리는 시기가 지나고 나면, 아동은 그림에 사람을 넣기 시작한다. 특히, 소집단 미술활동은 아동들에게 차례로 하기, 함께 나누기, 협상하기 등과 같은 사회적 기술을 실제로 연습해 보는 효과가 있다. 이런 모든 것은 아동이 사회적으로 발달하는 데 이바지하고 있다.

4) 인지적 발달

미술활동은 아동이 인지적으로 발달하는 데 영향을 미친다. 미술활동이 인지적 능력을 발달시키는 이유로 다음과 같은 점을 들 수 있다.

① 미술활동은 아동이 결정을 내리고 자기 평가를 하는 데 도움이 되기 때문이다.

② 아동은 성장하면서 미술활동에서 상징(symbol)을 사용하기 때문이다.

이렇게 해서 발달된 인지적 능력은 다른 영역에서 사용될 수 있다.

5) 신체적 발달

미술활동은 아동이 신체적으로 발달하는 데 영향을 미치고 있다. 미술활동이 신체적 능력을 발달시키는 이유로 다음과 같은 점을 들 수 있다.

① 미술활동은 근육을 통제하는 것을 도와주기 때문이다.

② 미술활동은 눈으로 보는 것과 움직이는 것이 조화되도록(eye-hand coordination) 도와주기 때문이다. 그 결과, 부분을 전체에 맞추어서 볼 수 있게 되고, 또한 자기가 보는 것을 손과 손가락의 움직임과 맞출 수 있게 된다.

2. 아동미술의 발달 단계: 로웬펠드의 견해

1) 아동미술의 발달 단계와 로웬펠드

미술과 관련해 아동의 발달 단계를 아는 것은, 아동의 일반적 특징을 이해하는 데 필요하고 또한 아동의 미술을 이해하는 데 필요하다. 로웬펠드(Lowenfeld)는 정상 아동의 미술과 관련해 발달 단계를 제시한 것으로 유명한 인물이다(Malchiodi & Coolidge, 2000; Isaksson et al., 2009).

2) 미술과 관련된 발달 단계

로웬펠드와 브리튼(Lowenfeld & Brittain, 1982)에 따르면, 아동의 그림은 예측할 수 있는 방식으로 진행되고 있다. 즉, 아동의 그림은 비교적 결정된 단계를 통해서 진행되고 있다는 것이다.[15] 그러므로 로웬펠드와 브리튼은 아동미술의 발달 단계를 다음과 같이 구체적으로 제시하고 있다(Lowenfeld & Brittain, 1982; Isaksson et al., 2009).

15) 물론 한 발달 단계가 어디서 끝나고 새로운 발달 단계가 어디서 시작되는지를 구분하는 것은 쉬운 일이 아니다.

(1) 난화기

처음에 오는 단계는 난화기(scribbling stage)이다. 난화기는 2~4세까지의 기간을 가리킨다. 매우 어린 아동의 경우, 종이 위에 마음대로 표시하면서 처음으로 그림을 그리기 시작한다. 그러다가 아동이 처음에 멋대로 종이 위에 표시하는 것이 점점 체계를 갖추게 된다. 그러나 4세 정도가 되어서야 아동은 그림에서 알아볼 수 있는 물체를 그린다.

난화기의 아동이 표시하는 낙서조차도 여러 발달단계를 거치고 있다. 즉, 처음에는 종이 위에 무조건 표시하는 것부터 시작하고, 나중에는 어느 정도 통제된 낙서로 표시하며, 그 후에는 자신이 그린 그림에 이름을 붙이는 단계로 발달한다.

난화기에 부모는 아동에게 물체를 그리는 방법을 가르치려고 시도하는 경우가 있다. 예를 들어, 부모는 아동에게 사과를 그리는 방법을 가르칠 수 있다. 그러나 이때에 부모의 의도는 좋지만, 부모의 지시 때문에 그린 그림이 실제의 사과와 어떤 관계가 있는지를 아동은 알지 못한다. 이런 상황은 부모나 아동에게 좌절을 가져올 수 있다.

그렇지만 난화를 그리는 활동은 그 자체가 즐거움을 가져오는 경우가 많다. 또한 아동의 그리는 행동은 아동의 근육이 발달하는 데 도움을 주고, 또한 신체가 발달하는 데 도움을 주고 있다. 그리고 아동의 그리는 행동은 아동이 지적으로 발달하는 데에도 도움을 준다.

정리하건대, 난화기에는 무분별한 난화에서 시작해서 이름을 붙이는 난화로 나아가는 과정을 거치고 있다. 이때에 신체적 움직임을 통해 발달하고, 지적 사고와 상징이 발달하는 방향으로 나아가고 있다.

다만, 아동의 난화에 관심을 가지고 아동에게 그림을 그릴 기회를 제공하면 아동이 더 발달할 수는 있지만, 그렇다고 해서 아동이 매우 크게 발달하는 것은 아니다.

(2) 전도식기

난화기 다음에 오는 단계는 전도식기(preschematic stage)이다. 전도식기는 5세 정도에 시작해서 7세 정도까지 계속된다. 전도식기는 도식적인 형태의 그림 유형을 형성하기 전의 단계를 말한다.

전도식기에 이르러, 아동은 단순한 선을 통해 무엇인가를 상징하는 형태를 나타내려고 처음으로 시도한다. 전도식기에 아동이 그리는 것은 사람을 머리와 다리로 나타내는 것이다. 그리고 전도식기에 이르러, 아동은 자기가 접촉한 주위 환경에 있는 여러 가지 다른 대상을 상징적으로 그리기 시작한다. 즉, 전도식기의 아동은 본 것을 그리기보다는 아는 것을 그리는 경향이 있다. 그러므로 전도식기의 경우, 아동은 자신이 중요하다고 생각한 것을 더 크게 그린다. 아동이 그리는 인물이나 대상은 멋대로 그려지는 것처럼 보이고, 그림이나 대상의 크기는 매우 다양하다. 즉, 전도식기는 대상에 대한 자기 중심성을 표현하는 시기이다. 그리고 전도식기에는 주관적으로 색채를 사용하므로, 다양한 색채를 사용할 수 있도록 지도할 필요가 있다.

전도식기에 이르러 아동이 처음으로 무엇인가를 나타내려고 시도함에 따라서, 성인은 아동이 그린 그림을 통해 아동과 대화할 수 있게 된다. 대개의 경우, 전도식기의 아동은 자기가 그린 내용을 열심히 설명해 주려고 하고, 아동이 스스로 의식하지 않고 그린 것을 열심히 보여 주려고 하고 있다.

(3) 도식기

전도식기 다음에 오는 단계는 도식기(schematic stage)이다. 도식기는 7세 정도에 시작해서 9세 정도까지 계속된다. 도식기에 이르러, 아동은 형태의 개념을 명확하게 인식하게 된다. 그리고 이에 따라 도식기에 이르러, 아동은 그림을 그리는 전형적인 습관이 발달하게 된다. 이것은 아동이 전형적인 기호나 신호를 구분할 수 있음을 보여 주는 것이다. 예를 들어, 아동은 특정한 나무를 구분할 수 있게 된다.

도식기에 아동은 자기의 주변 환경을 세부적인 모습으로 그리게 된다. 대개의 경우, 아동은 사람이나 사물에 대해서 자신이 인식하는 특성을 자신만이 표현할 수 있는 방식으로 계속해서 반복하여 그리게 된다.

도식기에 이르러, 아동의 그림에서 흥미로운 특성이 하나 나타난다. 이것은 아동이 페이지 아래에 일직선으로 바닥 선을 긋고 자기가 그리는 대상을 정렬하는 것을 말한다. 도식기에는 공간에 대한 개념이 형성되어, 아동의 그림에 시공간의 동시성적인[16] 표현과 투영적인 표현(X-ray그림)이 나타난다. 예를 들어, 집 다음에 나무를 그리고, 나무 다음에 꽃을 그리고, 꽃 다음에 사람을 그리고, 사람 다음에 개를 그리는 식이다. 이런 식의 미술작품은 매우 아름답게 보인다.

(4) 초기 사실기

도식기 다음에 오는 단계는 초기 사실기(stage of dawning realism)이다. 초기 사실기는 9~12세까지의 시기를 일컫는다. 초기 사실기에는 아동에게 동료와 친구가 매우 중요해진다. 초기 사실기에는 또래와의 관계를 중요시하기 때문에, 초기 사실기를 또래기라고도 부르고 있다.

초기 사실기에 아동이 그린 그림은 대상을 표현하기보다는 상징화하는 경향이 있다. 초기 사실기에 아동이 그린 그림은 이전의 그림에 비해서 더 자세하다. 그러므로 초기 사실기의 아동은 세밀한 것에 관심을 가지고 있다. 이에 따라서 아동은 초기 사실기 이전에는 크고 자유로운 그림을 그렸지만, 초기 사실기에는 크고 자유로운 그림을 더 이상 그리지 않는다. 그러므로 초기 사실기의 아동이 그리는 그림은 더 작고, 자신이 그린 그림을 보여 주고 설명하려고 하지 않는다. 즉, 초기 사실기의 아동은 자기 그림을 어른이 보는 것을 꺼리는 경향이 있다.

초기 사실기의 아동은 자신이 사회의 한 구성원으로 존재함을 훨씬 더 생각하는데, 이런 점은 아동의 미술작품에 나타나 있다.

(5) 유사 자연기

초기 사실기 다음에 오는 단계는 유사(類似) 자연기(pseudo-naturalistic stage)이다. 유사 자연기는 12~13세까지의 시기를 가리킨다. 아동이 유사 자연기에 이르면, 아동은 자기 주위의 환경을 더 인식하게 되고, 그림에서 비율이나 깊이와 같은 것에 관심을 가지기 시작한다.

유사 자연기에 아동은 그림을 노트에 그려서 어른들이 못 보게 하거나, 만화를 그리고 있다. 유사 자연기의 아동이 그린 그림에는 인물이 자세하게 묘사되어 있고, 이 시기에 아동은 성적 특성을 더 알게 된다.

16) '시공간의 동시성적인'은 시간과 공간이 동시에 나타난다는 의미이다.

그리고 유사 자연기의 아동은 색의 차이를 더 알게 된다. 다만, 일부 아동은 색의 차이를 알지 못할 수도 있다. 또한 유사 자연기에는 객관적인 눈이 발달하므로, 삼차원의 공간 개념을 표현하게 된다.

그리고 일부 아동에게는 유사 자연기에 이르러 미적 발달이 끝나게 된다. 성인들 중에는 12살의 아동에게서 보이는 그림을 그리는 경우가 많다. 이런 성인은 유사 자연기에 미적 발달이 멈추었기 때문에, 이런 그림을 그리는 것이다.

(6) 유사 자연기 이후

14세 이후가 되면, 아동은 시각미술에 진짜로 관심을 가지게 된다. 이 시기의 아동은 미술에 대해 의식적으로 아는 데 관심을 가지는 경우가 많고, 또한 미적 기법을 열심히 배우려는 경우가 많다. 일부 고등학교 학생은 유행하는 미술 형태나 미술 양식을 매우 잘 따라하고 있다. 그리고 이 시기의 일부 아동은 자기 주위의 시각적 환경을 매우 잘 묘사하기도 한다. 또한 이 시기는 중간형의 표현 형태가 나타나는 시기이기도 하다.

아동의 미적 발달은 이 단계를 넘지 않는 경우가 많은 것으로 알려져 있다. 그러나 아동은 이 시기를 넘어서도 미적 기술을 의식적으로 발달시킬 수 있다.

3. 어린 아동의 미술치료

1) 관련 이론

어린 아동을 대상으로 하는 미술치료는 발달심리학에 근거해 실시하고 있다. 이 경우, 피아제(Piaget)의 인지발달이론, 에릭슨(Erickson)의 이론, 대상관계이론, 로웬펠드의 아동미술 발달단계이론을 기본으로 삼고 있다.[17] 그러므로 미술치료사는 이런 발달이론에 대해 잘 알고 있어야 한다.

17) 피아제와 에릭슨의 이론에 대해서는 뒷장(제9장)에서 자세히 설명한다.

2) 내담자에 대한 진단

어린 아동에 대해 미술치료를 하기 위해서는, 먼저 내담자에 대한 면담을 통해 진단을 실시하여야 한다. 이를 위해, 객관화된 평가도구를 사용해 진단을 실시하고 있다. 이 경우, 내담자의 증상에 맞는 진단 기법을 사용하여야 한다. 이런 진단 기법의 예로 HTP 기법, 동적 가족화(KFD) 기법, KHTP 기법이 있다.[18] 그리고 이때에 모래놀이와 같은 입체적인 도구를 사용해 진단할 수도 있고, 또는 객관적인 척도를 통해 진단할 수도 있다.

이런 진단을 실시한 후, 내담자의 발달 수준에 맞게 미술치료를 계획하고 있다. 예를 들어, 내담자의 나이는 10세이지만 심리적인 발달 수준은 6세일 경우, 미술치료를 6세 수준에 맞게 계획해 실시하여야 한다(오종은, 2005).

3) 어린 아동의 단계별 미술치료과정

(1) 1단계의 미술치료

1단계는 0살에서 2살까지의 시기이다. 1단계에서는 신체의 경험과 근육활동을 통해서 눈과 손이 서로 어울리게 활동하는 능력을 키운다. 1단계는 난화기가 시작되려는 단계이다. 따라서 1단계에서는 구체적인 형상을 만드는 것보다는, 내담자가 좋아하는 재료와 놀이를 통해서 미술매체를 새롭게 경험하게 해주어야 한다.

1단계에서는, 다양한 감각운동을 활발하게 하도록 할 수 있고, 또한 매체를 반복적으로 학습할 수 있다. 이때에 적용할 수 있는 매체는 밀가루, 과일, 과자, 곡식, 풀, 물 등과 같이 자연친화적이고 안전한 것이 좋다. 그리고 모든 감각을 활발하게 활용하면서 어린 아동의 크고 작은 근육을 강화시키는 자유로운 놀이로 크레파스 놀이, 매직(컬러펜) 놀이, 파스텔 놀이, 점토 놀이, 스티로폼 놀이, 풍선 놀이, 버블 놀이가 있다(오종은, 2005).

---

18) 이런 기법에 대해서는 뒷장에서 자세히 설명한다.

(2) 2단계의 미술치료

2단계는 만 2~6세까지의 시기이다. 2단계는 난화기가 활발하게 이루어짐과 동시에 대상을 점차적으로 인식하는 시기이다. 그리고 2단계는 이런 인식에 따라 상상력이 풍부해지고 주관성이 두드러지며, 그 결과로 자신만의 세상에 대해 도식적이고 상징적인 표현이 나타나는 시기이다.

그리고 2단계는 언어의 발달과 더불어 모든 대상에 대한 인식이 발달하는 시기이다. 따라서 2단계에서는 개념을 형성할 수 있도록 여러 매체를 활용해, 더 잘 발달하도록 해주어야 한다.

또한 2단계에서는 대상에 대한 관심이 난화로부터 시작된다. 2단계에서는 대상을 자기중심적인 모방을 통해 표현할 수 있다. 2단계에서는 근육의 기능이 발달하고 있고, 또한 손 기술이 발달하고 있다. 그 결과, 2단계에서는 가위 놀이를 하고, 색종이를 다루며, 물감을 사용하고, 미술도구를 다양하게 사용할 수 있게 된다. 그러므로 2단계에서 자신에 대해 인식함에 따라서, 스스로 재료를 선택하여 표현할 수 있는 능력이 생기고 더 자립할 수 있게 된다. 그리고 이런 상황 때문에, 만족감을 가질 수 있게 된다.

따라서 2단계에서는 자신의 기분과 감정을 언어로 표현해 자신을 인식할 수 있도록 격려하는 미술놀이가 필요하다. 2단계에서는 사진을 활용하는 작업, 다양한 매체를 이용한 콜라주(collage) 기법을 활용하는 작업, 연상 놀이, 그리기와 만들기, 사람에 비유해 표현하는 놀이를 할 수 있다(오종은, 2005).

(3) 3단계의 미술치료

3단계는 만 6~12세까지의 시기이다. 3단계는 대상에 대해 객관적인 인식을 형성하고, 자신의 논리를 수용할 수 있는 능력을 형성하고, 집단 속에서 공동작업을 통해 자신의 가치를 확인하며 집단의식을 형성하는 시기이다. 따라서 3단계에서 실시하는 미술치료에서는 사실적인 그림을 그리는 것에 관심을 가지고 있다.

3단계에 이르러, 공간 안에 있는 자연과 사물을 관찰함으로써, 공간 속에 있는 자기 자신을 인식할 수 있는 힘(이른바, 공간 구성력)이 생기게 된다. 그리고 3단계에서는 자연과 사물에 대한 개념을 확립하기 위해, 자신의 경험이 들어가 있는 그림을 그리는 경우가 많다. 따라서 3단계에서는 사물에 대한 객관적인 표현도 중요하지만, 다양한 매체를 스스로 선택해서 자유롭게 표현할 수 있도록 해주어야 한다.

그리고 3단계는 학교라는 집단사회를 경험하는 시기이다. 따라서 3단계에서는 집단미술 기법을 사용해 집단활동을 할 수 있는 프로그램을 제공할 필요가 있다. 이렇게 될 경우, 집단 안에서 자아개념을 형성하고, 자아를 강화하고, 긍정적인 대인관계를 경험할 수 있게 된다(오종은, 2005).

CHAPTER 09

인간발달이론[19)]

인간발달과 관련되는 이론은 매우 많다. 이 중에서 미술치료와 크게 관련되는 이론을 몇 가지 제시하면 다음과 같다.

1. 매슬로우의 보편적 인간욕구이론

매슬로우(Maslow)의 이론은 보편적 인간욕구이론이다. 매슬로우는 여러 수준의 욕구를 이해하기 위한 단계적 틀을 제시하고 있다. 그러므로 매슬로우에 따르면, 인간의 욕구는 단계적으로 이루어져 있다. 매슬로우가 제시하는 욕구 단계(hierarchy of needs)에서 가장 낮은 수준의 욕구는 가장 기본적인 생리적 욕구이다. 그 다음으로 높은 수준의 욕구는 안전의 욕구, 애정과 소속의 욕구, 존중의 욕구 순이다. 그리고 가장 높은 수준의 욕구는 자아실현의 욕구이다.

매슬로우의 경우, 다음 수준의 욕구로 가기 위해서는 그보다 낮은 수준의 욕구를 충족하여야 한다고 주장하고 있다. 더 낮은 수준의 욕구를 충족하지 못할 경우, 충족하지 못한 욕구를 충족시키기 위해서 개인은 욕구 단계의 아래로 되돌아간다.

일반적으로 욕구 단계의 아래쪽에 있는 욕구에 대해서는 더 즉시 반응할 필요가 있다. 그러므로 수준이 더 낮은 욕구를 더 급히 충족시켜줄 필요가 있다(노병일, 2016b: 85).

19) 이 부분은 노병일(2016b; 2017)을 많이 요약하였다(저자의 허가를 받았음).

2. 피아제의 인지발달이론

피아제(Piaget)의 경우, 아동의 사고 능력이 어떻게 발달하느냐에 주로 관심을 가지고 있다. 아동의 사고능력을 심리학자는 인지능력이라고 부르고 있다. 피아제에 따르면, 인지는 서서히 나아지는 것이 아니다. 즉, 아동이 성장함에 따라서 인지적으로 능력을 조금씩 갖추는 것이 아니라는 것이다. 그 대신에 피아제는 아동은 생각하는 방식에서 일련의 변화를 거친다고 주장하고 있다. 즉, 아동은 성인보다 인지능력이 적을 뿐만 아니라, 아동은 성인과는 근본적으로 다른 방식으로 생각한다는 것이다(노병일, 2016b: 94).

피아제는 인지발달 단계를 네 단계로 구분하고 있다. 이에 따라 피아제는 아동이 한 단계에서 다음 단계로 진행하면서 크게 변화한다고 보고 있다.

각 단계를 구체적으로 살펴보면 다음과 같다(노병일, 2016b: 94-95).

1) 제1단계

제1단계는 감각운동사고(sensori-motor thought) 단계이다. 태어나서 첫 2년 동안은 아동의 생각이 매우 초보적이다. 아동이 2세 미만일 경우, 아동은 추상적으로 생각할 수 없다. 즉, 이런 아동은 마음속에서 상징을 조작할 수 없다. 이 단계의 아동은 감각기관(예를 들어, 듣고 보고 맛보는 것)을 통해 들어온 것을 움직임(예를 들어, 손에 무엇인가를 가지고 있는 것)과 연관시키는 것밖에 생각하지 못한다. 그러므로 '감각운동'이라는 용어를 사용하고 있다.

2) 제2단계

제2단계는 전조작사고(pre-operational thought) 단계이다. 2세 정도가 되면, 아동은 처음으로 추상적 생각을 할 수 있게 된다. 즉, 아동은 처음으로 정신적으로 상상할 수 있게 된다. 아동이 언어를 사용하고 아동이 상상적인 놀이를 하고 아동이 어떤 사건을 오래된 후에도 기억할 수 있다는 점을 통해서, 아동이 정신적으로 상상할 수 있는 능력을 가진다는 점을 알 수 있다. 그러나 아동이 이런 능력을 갖기는 하지만, 이 단계의 아동은 논리적으로 생각하는 능력이 부족하다. 이 경우, 논리적으로 생각하는 능력이 '조작(operations)'이다. 그러므로 이 단계를 전(前)조작사고 단계라고 부르고 있다.

3) 제3단계

제3단계는 구체적 조작사고(concrete operational thought) 단계이다. 7세(또는 6~7세) 정도가 되면 지능이 크게 발달한다. 즉, 예전에는 직관적으로 생각하였으나, 이 단계에서는 논리적으로 생각하게 된다. 이것은 아동에게 주어진 조작을 하기 위해서 아동이 정신적으로 생각할 수 있게 된다는 것을 의미한다. 그러나 이 단계의 아동은 성인처럼 생각하지는 못한다. 왜냐하면 이 단계의 아동이 가지는 논리는 '실제적' 세계(real world)만 상상할 수 있기 때문이다. 따라서 이 단계의 아동은 아동 자신이 경험한 세계만을 상상할 수 있다. 그러므로 피아제는 '구체적'이라는 표현을 사용하고 있다.

4) 제4단계

제4단계는 형식적 조작사고(formal operational thought) 단계이다. 이 단계에 이르면, 아동은 다음과 같이 할 수 있게 된다.

① 가상적으로 생각한다.
② 직접 경험하는 것 이외의 것을 생각한다.
③ 만약에 이러면 어떻게 될 것인가를 마음속에서 생각한다.

일반적으로 볼 경우, 추상적 생각을 할 수 있는 나이는 11세(또는 11~12세) 정도에 이르러서이다. 물론 어떤 아동은 이런 나이가 되기 이전에 추상적 생각을 할 수도 있다.

3. 프로이드의 정신분석이론

1) 중요 요소

프로이드(Freud)의 이론에서 중요한 것은 각 단계마다 생기는 내적인 정신적 갈등을 개인이 어떻게 해결하느냐이다. 프로이드의 경우, 아동이 자라서 성인이 되어 적응할 때에 중요한 것은 어린 시절에 겪는 정신·성적 경험이라고 보고 있다(노병일, 2016b: 97).

프로이드의 이론에서 중요한 요소는 이드(id), 자아(ego), 초자아(superego)인데, 이것을 구체적으로 살펴보면 다음과 같다(노병일, 2016b: 97).

① 프로이드에 따르면, 아기는 태어날 때에 비합리적이고 야만적이다. 따라서 아기는 자기 만족을 위하여 본능적으로 행동하고 있다. 프로이드는 이런 요소를 '이드'라고 부르고 있다. 그러나 아기는 처음에는 자신의 욕구만을 충족하다가, 나중에는 그 이상을 넘어서 다른 사람의 욕구에 반응한다. 예를 들어, 미소를 짓거나 다른 사람을 주목함으로써 다른 사람의 욕구에 반응하고 있다.

② 이렇게 시작되어, 아기는 생각하고 인식하는 자신(self)을 갖추게 된다. 프로이드는 이것을 '자아'라고 부르고 있다.

③ 아동이 성장함에 따라 '초자아'가 나타난다. 초자아는 아동의 '양심'이라고 볼 수 있다. 이에 따라서 초자아는 이드와는 반대되는 방식으로 활동하고 있다. 즉, 초자아는 옳은 것을 실행하는 것으로서, 자기가 원하는 것을 실행하는 이드에 대해 항상 균형을 맞추어야 한다. 이 경우, 자아는 초자아와 이드 사이의 투쟁을 주관하는데, 이런 과정은 전 생애에 걸쳐서 계속되고 있다.

2) 아동발달 단계

프로이드의 경우, 아동이 발달하면서 여러 가지 정신·성적 단계를 거침에 따라서, 육감적 쾌락이 발생하는 위치가 단계적으로 변한다고 보고 있다. 이 경우, 각 단계는 다음과 같다(노병일, 2016b: 98).

① 유아가 경험하는 첫 번째 단계는 구순(oral) 단계이다. 이 단계에서 육감적 쾌

락을 얻는 장소는 입이다. 이 경우, 아동은 빨고 씹음으로써 육감적 쾌락을 얻는다.

② 아동이 1세 정도가 되면 항문(anal) 단계에 이른다. 이 단계에서 육감적 쾌락을 얻는 장소는 항문이다. 이 경우, 아동은 배설을 통해서 육감적 쾌락을 얻는다.

③ 아동이 3~4세 정도가 되면 음경(phallic) 단계에 이른다. 이 단계에서 육감적 쾌락을 얻는 장소는 생식기이다.

④ 다음 단계는 잠복(latency) 단계이다. 이 단계에서는 육감적 쾌락이 가지는 중요성이 매우 크게 줄어든다.

⑤ 마지막 단계는 성기(genital) 단계이다. 이 단계에 이르러서는, 사춘기에 생리적으로 변화를 겪음에 따라서 성적 욕구에 다시 관심을 가진다.

4. 보울비의 애착이론

프로이드의 정신분석이론이 나온 후에 등장한 이론들 중에서 유명한 이론의 하나가 애착이론이다. 애착(attachment)은 아동이 세상에 태어나서 처음 몇 년 동안 아동과 보호자 사이에 형성된 깊고 지속적인 관계를 말한다.

애착이론 중에서 가장 유명한 것은 보울비(Bowlby)가 제시한 이론이다. 보울비의 연구 결과를 통해서, 엄마와 아동 사이의 유대나 애착이 아동발달에 중요하다는 점이 밝혀지고 있다.

보울비는 동물학에서 각인화(imprinting)라는 개념을 빌려와 자기 이론에 적용하고 있다. 각인화는 새로 태어난 일부 동물에서 보이는 과정이다. 이런 동물의 예로 오리를 들 수 있다. 오리의 경우, 부화하고 나서 본 움직이는 물체에 즉각적이고 일방적이며 강력하게 애착을 느끼고 있다.

보울비는 각인화의 개념을 인간행동이론에 적용하고 있다. 보울비의 경우, 오리에서와 마찬가지로 어린 아동도 태어난 후에 엄마에게 정상적으로 각인되는 민감한 시기를 가질 것이라고 보고 있다. 보울비는 이런 과정을 유대화(bonding)라고 부르고 있다.

보울비에 따르면, 아동과 주요 보호자 사이의 유대는 아동이 건전하게 발달하는 데 매우 중요하다(노병일, 2016b: 98-99).

5. 에릭슨의 생활주기이론

에릭슨(Erikson)이 처음에 토대로 삼은 이론은 프로이드의 정신분석이론이었다. 그러나 나중에 에릭슨은 프로이드의 정신분석이론에서 더 나아가서, 자기 나름의 성격발달이론을 제시하였다.

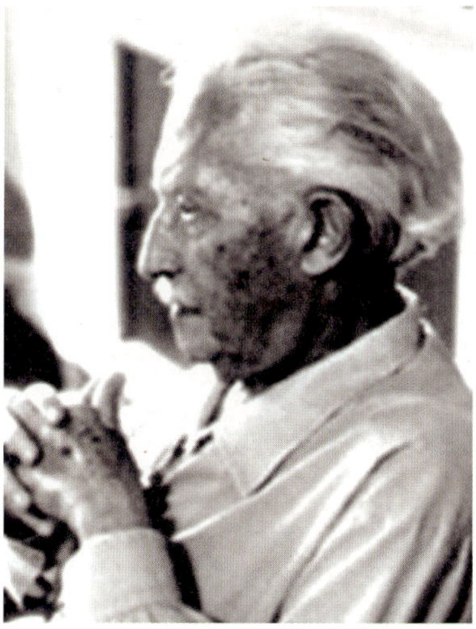

그림 9-1 에릭슨: 에릭슨은 나름의 성격발달이론을 제시한다.

[출처: Wikipedia(2017)]

에릭슨에 따르면, 성격은 전 생활 단계에 걸쳐서 변화하고 있다. 이런 맥락에서 에릭슨은 인간발달을 여덟 단계로 구분하고 있다. 이 경우, 건전하게 발달하는 인간은 어린 시기부터 후기 성인기까지로 이루어진 이 여덟 단계를 거쳐야 한다. 각 단계에서 인간은 새로운 도전을 맞이하고, 이런 도전을 잘 헤쳐 나가게 된다(Psychologist World, 2017; 노병일, 2017).

에릭슨에 따르면, 인간은 질서가 있는 단계를 거치면서 발달하고 있다. 각 단계는 나름의 특별한 특징을 가지고 있고, 또한 각 단계는 나름의 특정한 나잇대를 가지고 있다. 그리고 각 단계는 앞 단계에 토대를 두고 있고, 또한 각 단계는 다음 단계에 영향을 미치고 있다(노병일, 2017).

따라서 이전 단계를 성공적으로 마치면, 다음 단계로 잘 나아간다. 하지만 각 단계에서 나타나는 도전을 성공적으로 헤쳐 나가지 못할 경우, 미래에 이런 도전이 다시 나타날 수 있다(Psychologist World, 2017).

에릭슨이 성격이 발달하는 것과 관련해 제시한 여덟 단계를 간단히 정리하면 다음과 같다(노병일, 2017).[20]

(1) 첫째 단계

첫째 단계에 해당되는 시기는 태어나서부터 1세까지의 시기이다. 첫째 단계에서 겪는 심리적·사회적 위기는 신뢰감을 갖느냐 또는 불신감을 갖느냐와 관련되어 있다.

첫째 단계의 중요한 특징은 다음과 같다.

① 주로 상호작용을 맺는 대상은 엄마이거나 엄마 역할을 해주는 보호자이다.

② 구순 영역(입과 입술)에 관심을 갖는다.

③ 생명을 유지하게 해주는 보호를 신뢰하거나 불신한다. 여기에는 음식물을 주는 것도 포함된다.

(2) 둘째 단계

둘째 단계에 해당되는 시기는 1~2세까지의 시기이다. 둘째 단계에서 겪는 심리적·사회적 위기는 자율성을 갖느냐 또는 수치감과 회의감을 갖느냐와 관련되어 있다.

둘째 단계의 중요한 특징은 다음과 같다.

① 주로 사회적 상호작용을 맺는 대상은 부모이다.

② 변을 보는 훈련을 한다.

20) 다만, 해당되는 나이는 대략적인 나이이다. 그리고 여러 자료에서 에릭슨의 여덟 단계를 설명하면서 제시하는 나잇대는 서로 다소 차이가 있다.

③ 자율적 의지가 시작된다.

(3) 셋째 단계

셋째 단계에 해당되는 시기는 3~5세까지의 시기이다. 셋째 단계에서 겪는 심리적·사회적 위기는 주도성을 갖느냐 또는 죄의식을 갖느냐와 관련되어 있다.

셋째 단계의 중요한 특징은 다음과 같다.

① 주로 사회적 상호작용을 맺는 대상은 핵가족이다.

② 오이디푸스(Oedipus) 감정[21]이 시작된다.

③ 주도적으로 하려는 생각이 발달한다.

(4) 넷째 단계

넷째 단계에 해당되는 시기는 6세에서 사춘기까지의 시기이다. 넷째 단계에서 겪는 심리적·사회적 위기는 근면성을 갖느냐 또는 열등감을 갖느냐와 관련되어 있다.

넷째 단계의 중요한 특징은 다음과 같다.

① 집 밖에서 주로 사회적 상호작용을 맺는 대상은 또래와 교사이다.

② 어떤 일을 할 수 있는 능력을 학령기 수준에서 평가한다.

(5) 다섯째 단계

다섯째 단계에 해당되는 시기는 청소년기이다. 다섯째 단계에서 겪는 심리적·사회적 위기는 정체성을 갖느냐 또는 정체성에서 혼란을 느끼느냐와 관련된다.

다섯째 단계의 중요한 특징은 다음과 같다.

① 주로 사회적 상호작용을 맺는 대상은 또래이고, 이성 사이의 친구관계에서 사회관계를 매우 크게 형성한다.

---

21) 오이디푸스 감정은 "아들이 무의식적으로 아버지를 배척하고 어머니를 사모하는 [감정]"을 말한다(한컴사전, 2017).

② 성인이 관여하는 것에 대해 거부감을 가진다.

③ 자신은 누구인가에 대한 인식에서 위기를 겪는다.

④ 앞의 네 단계가 합쳐져서, 전반적인 자신에 대해 확고히 인식한다.

(6) 여섯째 단계

여섯째 단계에 해당되는 시기는 초기 성인기이다. 여섯째 단계에서 겪는 심리적·사회적 위기는 친밀감을 갖느냐 또는 고립감을 갖느냐와 관련되어 있다.

여섯째 단계의 중요한 특징은 다음과 같다.

① 주로 사회적 상호작용을 맺는 대상은 친밀한 관계인데, 대개의 경우는 이성이다.

② 성인 역할을 한다. 여기에는 다른 사람에게 관여하는 것도 포함된다.

(7) 일곱째 단계

일곱째 단계에 해당되는 시기는 중기 성인기이다. 일곱째 단계에서 겪는 심리적·사회적 위기는 생산적이냐 또는 침체되느냐와 관련되어 있다.

일곱째 단계의 중요한 특징은 다음과 같다.

① 다음 세대를 형성하고 다음 세대를 교육하는 것에 주로 관심을 갖는다.

② 생산적이고 창의적이다.

(8) 여덟째 단계

여덟째 단계에 해당되는 시기는 후기 성인기이다. 여덟째 단계에서 겪는 심리적·사회적 위기는 자아를 보존하느냐 또는 절망감을 갖느냐와 관련되어 있다.

여덟째 단계의 중요한 특징은 다음과 같다.

① 과거를 뒤돌아보는 것에 주로 관심을 갖는다.

② 거의 마지막의 인생 시기에서 자신이 차지하는 위치에 대해 관심을 가지고, 또한 자신과 다른 사람과의 관계에 대해 관심을 가진다.

PART Ⅱ

미술치료의 주요 기법

CHAPTER 10

HTP 기법

1. 개관

HTP(House-Tree-Person) 기법은 집, 나무, 사람을 그리게 하는 기법을 말한다. HTP 기법은 1948년에 버크(Buck)가 개발하였다.

HTP 기법의 목적은 내담자가 그림을 해석하는 것과 내담자가 질문에 답변하는 것을 보고서, 내담자 개인의 성격을 진단하는 것이다. HTP 기법에서는 내담자가 자신에 대해 가지는 인식과 태도를 살펴보고자 한다(Isaksson et al., 2009; Fahmy, 2011).

2. 준비물

HTP 기법을 활용하기 위해서는 다음과 같은 것이 필요하다.

- A4 용지 : 3~5장
- 연필
- 지우개

3. 실시방법

HTP 기법의 경우, 내담자에게 집과 나무와 사람을 그리게 한다(Fahmy, 2011). 구체적으로 HTP 기법은 다음과 같이 진행한다.

1) 집(H) 그림

A4 용지를 가로로 하여 집 그림을 그려보도록 한다.

2) 나무(T) 그림

A4 용지를 세로로 하여 나무 그림을 그려보도록 한다.

3) 사람(P) 그림

사람 그림의 경우에는 다음과 같이 실시한다.

① A4 용지를 세로로 하여 사람을 그려보도록 한다.

② A4 용지를 세로로 하여 먼저 그린 성(남성 또는 여성)과 반대되는 성(즉, 여성 또는 남성)의 사람을 그려보도록 한다.

4. 해석

HTP 기법에서는 집과 나무와 사람을 그린 그림을 사용해서, 다음과 같은 것을 파악하고 있다(Fahmy, 2011; Milne & Greenway, 1999; Isaksson et al., 2009).

1) 집

HTP 기법에 나타난 집 그림을 통해서, 내담자가 자신의 가족에 대해 가지는 감정을 파악할 수 있다.

2) 나무

융(Jung)은 나무가 개인적 특성을 나타낸다고 보고 있다. 일반적으로 나무 그림은 내담자의 삶에서의 역할을 나타내고 있고, 또한 내담자가 자기 자신에 대해서 무의식적으로 느끼는 바를 나타내고 있다.[1)]

융에 따르면, 나무의 각 부위는 다음과 같은 것을 나타낸다고 한다(Isaksson et al., 2009).

① 나무의 뿌리는 무의식적인 측면을 나타낸다.
② 나무의 줄기는 의식적인 측면을 나타낸다.
③ 나무의 꼭대기는 인생의 목적과 개인적 특성을 나타낸다.

그리고 HTP 기법에 나타난 나무 그림을 통해서, 내담자가 강함과 약함에 대해 가지는 감정을 파악할 수 있다.

3) 사람

HTP 기법에 나타난 사람 그림을 통해서, 내담자가 자신에 대해 가지는 감정을 파악할 수 있다. 그러므로 사람 그림은 내담자가 자기 신체 이미지와 자아개념에 대해서 의식적으로 느끼는 바를 보여 주고 있다.

5. 사례

1) 자매의 그림 ①, ②

그림 10-1 과 그림 10-2 는 자매가 각각 그린 그림인데, 이 작품을 통해서 자매가 자라난 공통된 환경을 알 수 있다. 자매가 따로 그림을 그렸지만, 같은 환경에서 자라서인지 그림에서는 같은 성향이 표현되어 있다.

1) 미술치료에서 나무는 매우 잘 알려진 상징으로 인식되는 경우가 많다. 그리고 미술치료에서 나무는 주제로 선정되는 경우가 많다(Isaksson et al., 2009).

이 작품에서 나뭇잎 사이에 과일이나 꽃이 많은 것으로 보아서, 이 자매의 양육 환경이 좋았음을 알 수 있다. 그러나 나무 기둥에 옹이가 많은 것으로 보아서, 자매는 가슴에 많은 상처를 겪으면서 살고 있음을 알 수 있다.

그리고 화면을 벗어난 나뭇가지와 잎을 통해서, 내담자 자신의 에너지가 풍부하다는 점과 친구관계가 복잡함을 알 수 있다.

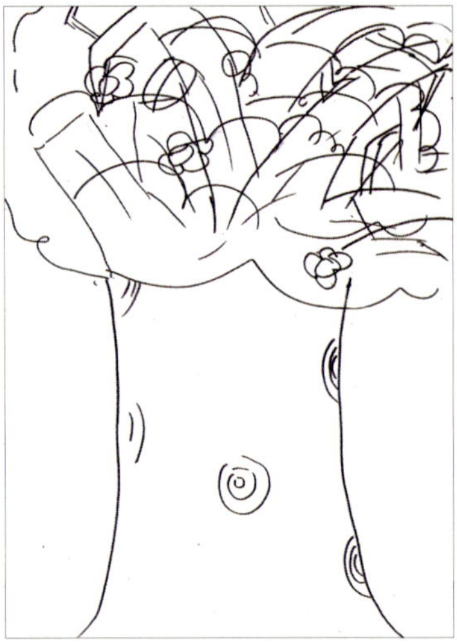

그림 10-1 자매의 그림 ①

그림 10-2 자매의 그림 ②

그림 10-3 집 그림 ①

2) 집 그림(H) ①, ②

그림 10-3 에서는 집의 크기가 적당하고 안정감이 있는 형태의 구도로 표현되어 있다. 필압은 보통이나 변화가 많다. 그러나 모든 문이 굳게 닫혀 있는 것을 통해서, 내담자가 세상과 관계를 맺고 싶지 않음을 알 수 있다. 그리고 지붕, 창문, 대문, 담벼락에 그물처럼 쳐진 선들을 통해서, 내담자가 약간의 강박감을 가지고 있고 폐쇄적임을 알 수 있다.

그림 10-4 에서는 집을 전체적으로 매우 작은 크기로 표현하고 있다. 필압은 강한 편이라 에너지가 있어 보인다. 그리고 선의 굵기도 적당하다.

그러나 왼쪽 아래쪽에 작게 그려져 있는 집을 통해서, 내담자는 유아기로 퇴행하는 성향이 있고 지난날에 상처를 가졌다고 볼 수 있다. 그리고 이에 따라 내담자의 위축된 내면이 작품에 나타나 있다.

그림 10-4 집 그림 ②

3) 나무 그림(T) ①, ②, ③

그림 10-5 에서는 크기가 적당하게 그려 있고 필압도 강한 편이어서, 내담자는 건강해 보인다. 그리고 나무기둥을 튼실하게 그려 넣은 것은 내담자가 강한 자아를 가지고 있음을 보여 주고 있다.

그러나 커다랗게 겹겹이 그려 있는 옹이는 내담자가 가슴 속에 상처가 있음을 나타낸다. 또한 뾰족하고 날카로운 가지는 내담자가 관계에 있어서 공격적이고 어려움을 겪음을 보여 주고 있다.

그리고 사과 열매를 통해서, 내담자에게는 사랑을 받고 싶은 애정 욕구가 있음을 알 수 있다. 나무 주변의 동그란 테두리는 심리적 안정감을 취하고 싶은 욕구를 표현하고 있다.

그림 10-5 나무 그림 ①

그림 10-6 나무 그림 ②

그림 10-6의 경우, 중앙에 그려진 나무는 가지와 잎이 엉클어져 있다. 이를 통해서, 내담자는 머릿속이 복잡하고 내면이 정리되지 않아 혼란한 분위기 속에 있음을 알 수 있다.

그리고 떨어지는 나뭇잎은 정서적 어려움과 관계의 좌절때문에 나타나는 우울함을 표현하고 있다. 나무뿌리가 바람만 불면 쓰러질 것 같은 허약한 형태로 나타나 있어서, 내담자는 현실적인 에너지가 부족함을 알 수 있다.

그림 10-7에서는 나무 크기가 적당하게 나타나 있다. 나무 기둥의 아래 부분을 절단된 형태로 표현한 것을 통해서, 내담자의 충동성을 알 수 있다.

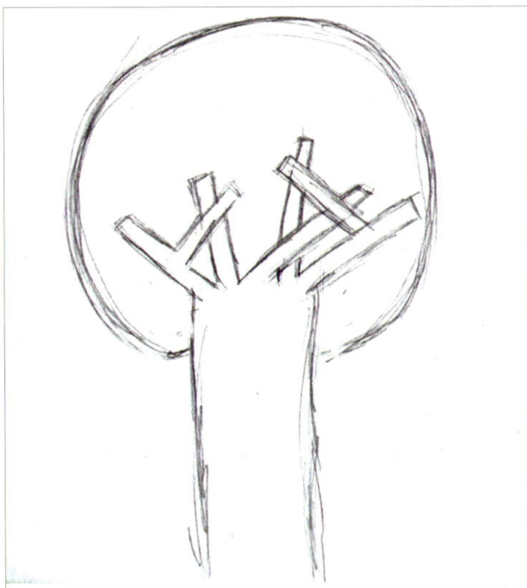

그림 10-7 나무 그림 ③

여러 겹을 통해 그려진 윤곽선들을 통해서, 내담자가 외부 세계와의 관계에서 방어적이거나 융통성이 없음을 알 수 있다. 그리고 잘려진 나뭇가지는 내담자가 관계에서 어려움을 겪음을 나타내고 있다.

4) 사람 그림(P) ①, ②

그림 10-8 에서는 전체적으로 섬뜩한 인물이 표현되어 있다. 초등학교 저학년 아동의 일반적인 그림에 비하면, 뭔가 문제가 있는 사람의 그림처럼 보인다.

한쪽 다리를 제외한 몸 전체에 음영을 그려 넣은 것을 통해서, 내담자는 자신의 신체를 왜곡하고 불안감을 가진다고 볼 수 있다. 그리고 날카로운 칼과 뾰족한 머리는 내담자의 공격성을 드러낸다고 볼 수 있다.

그림 10-8 사람 그림 ①

그림 10-9 에서는 청소하는 엄마가 표현되어 있다. 머리카락의 음영과 털이개에서 강조한 짙은 선들을 통해서, 내담자는 엄마와의 관계에서 문제가 있다고 볼 수 있다.

그림 10-9 사람 그림 ②

CHAPTER 11

KHTP 기법

1. 개관

KHTP(kinetic HTP) 기법은 움직이는 HTP 기법을 말한다. 여기서 K는 kinetic(동적, 動的)을 의미하고 있다. KHTP 기법은 번스(Burns)가 1987년에 개발하였다. KHTP 기법의 목적은 내담자가 인간적으로 발달하는 것을 이해하는 데 있다.

KHTP 기법은 HTP 기법이 가진 일부 문제점을 해결하기 위해서 개발되었다. 일반적으로 HTP 기법에 비해서, KHTP 기법은 다음과 같은 특징을 가지고 있다(Brooke, 2004).

① HTP 기법에서는 집과 나무와 사람을 별도의 종이에 그린다. 이와는 반대로 KHTP 기법에서는 집과 나무와 사람을 한 페이지에 그린다.

② HTP 기법은 정적이다. 그러나 KHTP 기법에서는 가족구성원들 사이의 신체적 활동도 그리고 있다. 즉, KHTP 기법은 동적 측면을 포함하고 있다.

KHTP 기법을 개발한 번스의 경우, KHTP 기법은 여러 가지의 임상적인 상황에서 내담자의 역동성을 이해하는 데 유용하다고 주장하고 있다. 따라서 번스에 따르면, KHTP 기법은 치유과정에 더 도움이 될 수 있다.

구체적으로 KHTP 기법의 장점을 몇 가지 제시하면 다음과 같다(Brooke, 2004).

① KHTP 기법은 실시하기가 편하다.

② KHTP 기법은 내담자의 동적인 측면을 파악할 수 있다. 왜냐하면 가만히 있는 인물보다는 움직이는 인물을 통해서 내담자의 성격에 대한 정보를 더 얻을 수 있기 때문이다.

③ 집과 나무와 사람을 한 페이지에 함께 그리는 것은 집과 나무와 사람을 따로

그리는 것보다 더 많은 정보를 얻을 수 있다. 즉, KHTP 기법의 경우, 집과 나무와 사람의 그림을 따로 보는 것보다는, 집과 나무와 사람 사이의 상호작용에 주목함으로써 더 많은 정보를 얻을 수 있다.

2. 준비물

KHTP 기법을 활용하기 위해서는 다음과 같은 것이 필요하다.

- A4 용지
- 연필
- 지우개

3. 실시방법

1) 실시방법

흰색 A4 종이를 수평으로 놓는다. 그러고 나서 이 종이에 내담자에게 집과 나무와 사람을 모두 그리게 한다. 단, 이때에 일부 행동을 포함시켜 그리게 한다. 즉, HTP를 그리되, 사람이 무슨 일인가를 하고 있는 그림을 그려보게 한다.

2) 유의점

KHTP 기법의 경우, 사람 전체를 그리게 하여야 한다. 예를 들어, 만화에 나오는 사람과 같이 그리지 말게 하며, KHTP 기법을 실시하는 시간에는 제한을 두지 않는다(Brooke, 2004).

한편, 미술치료사가 그리라고 지시한 항목에 포함되지 않은 상징을 내담자가 그릴 경우, 이런 상징을 해석하는 데 어려움을 겪을 수 있다.

4. 해석

1) 전반적 해석

KHTP 기법의 경우, 집은 내담자의 생활에서 신체적 측면을 나타내고 있다. 나무는 내담자가 누리는 생활에서의 에너지와 방향을 나타내고 있다. 사람은 내담자를 상징하고 있다(Brooke, 2004).

2) 그린 순서에 따른 해석

무엇을 먼저 그렸는지를 아는 것은 내담자를 파악하는 데 도움이 될 수 있다(Brooke, 2004). 이것을 구체적으로 살펴보면 다음과 같다.

(1) 나무를 먼저 그린 경우

내담자가 나무를 먼저 그리는 것은, 내담자에게 삶에 대한 에너지와 성장이 가장 중요함을 보여 주는 것일 수 있다. 이것은 성장하고자 하는 사람이나 살고자 하는 사람에게서 많이 나타난다.

(2) 집을 먼저 그린 경우

내담자가 집을 먼저 그리는 것은, 내담자가 사는 장소에 소속되고 싶은 욕구, 신체에 속하고 싶은 욕구(또는 신체에 대한 집착), 사회에 속하고 싶은 욕구, 보살핌을 주고받는 가정에 대한 욕구를 가지고 있음을 보여 주는 것일 수 있다.

(3) 사람을 먼저 그린 경우

내담자가 사람을 먼저 그리는 것은, 내담자가 감정을 통제하는 것, 신체를 멀리하거나 감추는 것, 성공을 보여 주는 것, 사람을 보살피는 것, 즐거운 사람에 대해 관심이 있음을 보여 주는 것일 수 있다.

5. 사례

그림 11-1 에서는 내담자가 살고 싶은 미래의 모습을 표현하고 있다. 내담자는 자신의 남편과 함께 정원에서 즐거운 시간을 보내고 있다.

그러나 나무 그림의 경우, 왼쪽이 절단되어 있고 낙엽이 떨어져 있다. 이것은 미래에 대한 불안감과 과거에 고정된 내면의 모습을 보여준다.

집 그림의 경우, 모든 문이 굳게 닫혀 있는 식으로 표현되어 있다. 이것은 소통이 원활하지 못함을 보여 주고 있다.

그림 11-1 KHTP

CHAPTER 12

풍경구성법(LMT)

1. 개관

풍경구성법(LMT: Landscape Montage Technique)은 1969년에 일본의 나카이 히사오(中井久夫)가 개발한 기법을 말한다. 풍경구성법은 회화, 투사검사, 모래놀이 기법에 토대를 두어 개발되었다. 풍경구성법의 경우, 테두리로 둘러싸인 구조화된 공간에 하나의 통합된 전체 풍경을 구성하는 방식을 따르고 있다(차현희, 2010; 장은경, 2009).

그리고 풍경구성법은 색을 사용한다는 점에서 다른 검사 기법과 차이가 있다. 풍경구성법에서 색을 사용하는 것은 내담자에게 다음과 같은 역할을 한다고 볼 수 있다(차현희, 2010).

① 내담자는 색칠을 하면서 자신의 감정을 통제할 수 있다.

② 내담자는 색칠을 하면서, 자신이 그린 풍경을 능동적으로 인지할 수 있다.

처음 개발될 당시에 풍경구성법의 주요 대상은 정신분열증 환자였다. 그러나 현재의 경우, 풍경구성법은 내담자를 진단하고 치료하는 기법으로 널리 쓰이고 있다. 일반적으로 풍경구성법을 적용할 수 있는 내담자는 만 6세 이상이어야 한다. 왜냐하면 6세 이전의 아동은 풍경에 대한 개념을 형성하고 있지 않아서 이런 아동에게 풍경을 구성하게 하기가 어렵고, 또한 이런 아동이 그린 풍경을 미술치료사가 이해하기 어렵기 때문이다(장은경, 2009; 차현희, 2010).

2. 준비물

1) 준비물

풍경구성법을 활용하기 위해서는 다음과 같은 것이 필요하다.

- A4 용지
- 검은색 사인펜
- 24색 정도의 크레용(크레파스)
- 물감 사용 가능

다만, 풍경구성법에서는 예외적으로 도화지를 이어서 사용할 수 있고, 물감을 사용할 수도 있다.

2) 검은색 사인펜 사용 이유와 지우개 미사용 이유

풍경구성법을 개발한 나카이 히사오에 따르면, 풍경구성법에서 검은색 사인펜을 사용하는 이유는 다음과 같다(장은경, 2009).

① 채색에 의해 보이지 않게 된 소묘선을 도화지 뒷면에서 읽을 수 있기 때문이다.

② 지우개를 사용할 수 없기 때문이다.

그리고 풍경구성법에서 지우개를 사용하지 못하게 하는 것은 내담자에게 심적으로 부담이 될 수 있다. 그러나 지우개를 사용하지 못하게 하는 것은 풍경구성의 특성을 보호하는 측면이 있다(장은경, 2009).

3. 실시방법

풍경구성법의 경우, 네 면이 테두리로 그어져 있는 구조화된 공간에 하나의 전체를 구성하는 표현을 그리게 한다. 풍경구성법에서는 강, 산, 밭(논), 길, 집, 나무, 사람, 꽃, 동물, 돌, 기타 부족하거나 생각나는 것을 그리게 한다(장은경, 2009; 차현희, 2010).

구체적으로 풍경구성법을 실시하는 과정은 다음과 같다(장은경, 2009).

① 내담자에게 풍경(경치)을 그릴 것이라고 말한다. 그림 항목은 모두 열 가지인데, 열 가지를 다 그리면 하나의 풍경이 만들어진다고 이야기한다. 그러고 나서 미술치료사가 말하는 순서대로 그림을 그리게 한다.[2)]

② 내담자가 완성한 그림을 내담자와 미술치료사가 함께 보는 시간을 갖고, 내담자가 그림을 완성한 후에 질문을 한다. 예를 들어, 내담자에게 계절, 시각, 날씨, 강이 흐르는 방향, 사람과 집과 밭 등과의 관계, 사람이 하고 있는 것, 그림 전체에서 떠오르는 것에 대해 질문한다.

③ 모든 절차가 끝나면 내담자가 그린 그림의 뒷면에 날짜와 이름을 적도록 한다. 이것은 내담자의 존재를 확인해주기 위함이다.

4. 해석

풍경구성법에 나타난 각 항목은 각각의 독특한 상징적 의미를 가지고 있다. 이 경우, 다양한 견해를 참고해서 상징적 의미를 파악하고 있다. 예를 들어, 상징사전을 참고해서 상징적 의미를 파악할 수 있다(장은경, 2009).

풍경구성법에 나타난 각 항목이 상징하는 내용은 다음과 같다(차현희, 2010).

1) 강

강은 무의식의 흐름을 나타낸다고 볼 수 있다. 무의식이 내담자를 크게 지배할 때에는, 내담자는 물이 세차게 흐르는 큰 강을 그리거나, 또는 강에 물이 넘쳐흐르는 것을 그리는 경우가 많다.

2) 풍경구성법에서 산보다는 강을 먼저 그리게 한다. 산보다 강을 먼저 그리는 이유는 다음과 같다(차현희, 2010). ① 처음부터 산을 먼저 그리면 구도가 강하게 결정되기 때문이다. ② 풍경구성법을 개발한 나카이 히사오의 경험에 따르면, 강은 지면을 두 개로 나누거나 원근감을 표현하기 때문이다.

2) 산

산은 내담자에게 주어진 상황과 향후의 전망을 나타내고, 또한 내담자가 극복하여야 할 문제의 수를 나타낸다고 볼 수 있다.

3) 논(밭)

논(밭)은 내담자의 마음이 지향하고 있는 때를 나타낸다고 볼 수 있다.

4) 길

길은 내담자의 의식적 영역을 나타내고, 또한 내담자의 인생과 방향을 나타낸다고 볼 수 있다.

5) 집

집은 내담자가 성장해 온 가정 상황을 나타낸다고 볼 수 있다. 구체적으로 집은 내담자의 가정 상황과 가족관계에 대해 느끼고 인식하는 바를 나타낸다고 볼 수 있다. 그리고 집은 내담자가 현재의 가정에 대해 가지는 인식과 태도뿐만 아니라, 내담자가 원하는 미래의 가정이나 과거의 가정을 나타내기도 한다.

6) 나무

나무는 내담자가 기본적으로 가지는 자아상을 나타낸다고 볼 수 있다. 구체적으로 나무는 마음의 평형상태와 정신적으로 성숙한 정도를 나타낸다고 볼 수 있다.

7) 사람

사람은 내담자가 가진 현실 상이나 이상 상을 나타내고, 또는 내담자에게 의미가 있는 사람이나 일반적인 인간에 대해 인식하는 바를 나타낸다고 볼 수 있다.

8) 꽃

꽃은 아름다움과 사랑을 나타내며, 또한 내담자가 성장한 발달을 나타낸다고 볼 수 있다. 여성스러움을 강조하는 내담자는 꽃을 그리는 경우가 많다.

9) 동물

동물은 동물 자체의 상징성을 나타낸다고 볼 수 있다. 정신분열을 겪는 내담자나 대인공포를 느끼는 내담자는 토끼를 그리는 경향이 있다. 그리고 등교를 거부하는 아동은 소나 말을 그리는 경향이 있다.

10) 돌

돌은 단단함, 냉정, 불변성을 나타낸다고 볼 수 있다.

5. 유의점

내담자가 풍경을 구성하는 데 있어 시간에 제한을 두지 않는다. 그리고 풍경구성법을 활용할 경우에는 다음과 같은 점에 유의할 필요가 있다(장은경, 2009).

① 내담자에게 표현을 보고서 평가하는 것이 아니라는 점을 얘기한다.

② 내담자가 질문을 자유롭게 하도록 하고 내담자를 지지해 준다.

③ 내담자가 일부 항목을 그리지 않으려 하거나 색칠하는 것을 거부하는 것도 인

정해 준다.

④ 풍경구성법을 치료적 목적으로 사용할 경우, 풍경구성법을 반복적으로 사용하지 않는다. 이 경우, 내담자의 치료에 영향을 미칠 수 있는 시점에서 풍경구성법을 사용하는 것이 좋다.

⑤ 풍경구성법을 검사의 목적으로 사용할 경우, 다른 검사의 내용이나 특성을 잘 고려해서 풍경구성법을 적절한 순서에 맞게 사용하여야 한다.

6. 사례

1) 미혼 여성

그림 12-1 의 경우, 전체적인 분위기가 평온한 느낌을 준다. 강을 중심으로 남성과 여성이 떨어져 있으나, 둘은 서로를 반기고 있다. 따라서 현재는 어떤 이유로 헤어져 있으나, 조만간 만날 수 있는 여지가 있다고 볼 수 있다.

논(밭)과 길의 모양을 통해서, 내담자는 자신의 삶이 나아갈 길을 잘 인식하면서 열심히 노력하고 있으며, 성격이 분명하고 깔끔한 편임을 알 수 있다.

그림 12-1 풍경구성법

2) 결혼 적령기 미혼 여성

우리나라의 한 연구에서 결혼 적령기에 있으면서 심리적 불안 증세를 보이는 미혼 여성에게 풍경구성법을 적용한 결과, 불안이 효과적으로 감소되는 것으로 나타난 바 있다(류지은 · 신지현, 2010).

CHAPTER 13

동그라미 중심 가족화 기법

1. 개관[3)]

동그라미 중심 가족화(Family-Centered Circle Drawings: FCCD) 기법은 동그라미(원)가 있는 공간에 가족을 그리게 하는 기법을 말한다. 동그라미 중심 가족화 기법은 번스(Burns)가 1987년에 개발하였다. 동그라미 중심 가족화 기법의 목적은 내담자 자신과 부모 사이의 관계를 이해하는 데 있다. 구체적으로 동그라미 중심 가족화 기법의 목적은 다음과 같다(Brooke, 2004).

① 내담자의 가족에 대한 정보를 얻는다.

② 이런 정보를 내담자가 자신과 부모에 대해 가지는 생각과 관련시킨다.

그러므로 동그라미 중심 가족화 기법에서는 그림에서 상징체계를 만들고 있다. 이렇게 함으로써, 미술치료사는 내담자가 자신의 부모와 어떻게 관계를 맺고 있는지를 파악할 수 있다. 특히, 동그라미 중심 가족화 기법에서 미술치료사는 내담자의 내적 부모와 관련시키면서, 내담자가 부모에 대해 느끼는 감정과 내담자와 부모 사이의 장벽을 살펴볼 수 있다(Brooke, 2004).

2. 준비물

동그라미 중심 가족화 기법을 활용하기 위해서는 다음과 같은 것이 필요하다.

3) 가족화 기법은 내담자에게 가족을 그리게 함으로써, 내담자의 가족구성원들 사이의 친밀성, 가족 분위기, 가족의 역동성 등을 파악하는 방법을 말한다. 가족화 기법에는 동그라미 중심 가족화 기법, 물고기 가족화 기법, 동물 가족화 기법을 비롯하여 여러 가지가 있다(이희경, 1993).

- 동그라미가 그려진 A4 용지
- 연필
- 지우개

3. 실시방법

동그라미가 그려진 A4 용지 안에 자신의 가족을 그리게 한다. 이 경우, 다음과 같은 점에 유의하여야 한다.

① 몸 전체를 그리되, 만화처럼 그리지 말고 자연스럽게 그리게 한다.

② 그림은 이미 원이 그려져 있는 A4 용지에 그리게 한다.

③ 동그라미 중심 가족화 기법을 실시하는 시간에 제한을 두지 않는다.

4. 해석

번스는 미술치료사가 동그라미 중심 가족화에서 살펴보아야 할 항목을 제시하고 있다. 이런 항목을 몇 가지 살펴보면 다음과 같다(Brooke, 2004).

① 인물의 크기를 살펴보아야 한다. 왜냐하면 인물의 크기는 심리적 크기를 반영하는 경우가 많고, 또한 인물에 투자한 에너지의 양을 반영하는 경우가 많기 때문이다.

② 신체 부분과 얼굴 표현에서 나타나지 않은 것이나 과도하게 강조한 것을 살펴보아야 한다.

③ 내담자가 자신을 중심에 놓고 그린 그림에서 자신의 주위에 있는 상징이, 부모의 그림에서도 반복되는지를 살펴보아야 한다.

④ 인물의 바로 위에 있는 상징을 살펴보아야 한다. 왜냐하면 이런 상징은 내담자의 주요한 감정과 관련되기 때문이다.

5. 사례

다음 작품들은 고등학교 학생이 그린 것이다. 이 그림을 그린 학생은 일일 찻집을 하기 위해 집단으로 함께 모여 상의하다 발견되어서, 학교에서 집단상담을 받게 되었다.

이 작품들의 공통된 특징으로 가족 이외의 사람이 많이 그려져 있다는 점을 꼽을 수 있다.

1) 동그라미 중심 가족화 ①

그림 13-1 에서는 내담자 자신과 가족의 손을 뒤로 해서 보이지 않게 그려져 있는데, 이것은 내담자가 가지는 죄책감을 나타낸다고 볼 수 있다. 인체를 불균형하게 그린 것을 통해서, 내담자는 현실 인식이 부족하다는 점을 알 수 있다. 또한 발과 하체를 빈약한 형태로 표현한 것을 통해서, 내담자는 현실적으로 무능력한 상태에 있음을 알 수 있다.

그림 13-1 동그라미 중심 가족화 ①

원 밖의 인물은 남자 · 여자 친구를 표현하는데, 이것은 내담자는 가족보다 우정을 더 소중하다고 인식하고 있음을 나타낸다고 볼 수 있다. 무엇보다도 끊겨진 선으로 이어진 가는 선을 통해서, 내담자의 심리적 상태가 약하다는 점을 알 수 있다.

2) 동그라미 중심 가족화 ②

그림 13-2 속의 비행기는 내담자의 아버지가 해외로 자주 출장을 가는 것을 나타내고 있다. 그리고 원의 위쪽에 그린 사람은 내담자의 할아버지와 할머니의 모습을 나타내고 있다.

얼굴에 뭉개 그려진 입을 통해서, 내담자의 할아버지는 잔소리를 심하게 한다는 점을 알 수 있다. 그리고 치켜 올라간 눈썹과 치솟은 머리칼을 통해서, 내담자는 할아버지에 대해 부정적인 감정을 가지고 있음을 알 수 있다.

원밖에 그려진 인물은 내담자 자신의 관심을 끌고 있는 오빠들의 모습을 나타내고 있다.

[그림 13-2] 동그라미 중심 가족화 ②

CHAPTER 14

물고기 가족화 기법

1. 개관

물고기 가족화 기법은 가족구성원을 물고기로 그리게 해서 가족구성원들 사이의 관계를 파악하는 기법을 말한다.

2. 준비물

물고기 가족화 기법을 활용하기 위해서는 다음과 같은 것이 필요하다.

- 어항을 그린 A4 용지
- 연필
- 지우개

3. 실시방법

어항을 그린 A4 용지를 나누어 준 후에, 물고기를 자기 가족으로 표현해서 가족화를 그리게 한다.

4. 해석

다른 종류의 물고기가 그려져 있는 것은, 가족 내에서 독특한 성격의 소유자로 인식되고 있음을 보여 주고 있다.

물고기 모양을 비슷하게 그리고 또한 물고기 가족의 분위기가 화목한 것은, 분위기가 좋은 가족에서 살고 있음을 보여 주고 있다.

물고기의 위치나 거리를 통해서, 가족의 역동성을 알 수 있다.

5. 사례

1) 억압적인 가족 분위기 속의 아동

그림 14-1에서 아동은 부모의 기운에 눌려서 눈을 꼭 감고 있다. 이 작품에서는 가족 모두가 어울리지 못하는 분위기가 느껴지고, 이 작품을 보는 사람은 숨이 막힐 듯하다. 그림에서 내담자의 부모는 그나마 숨을 쉬고 있으나, 아동은 숨조차 쉬지 못하고 있음을 알 수 있다.

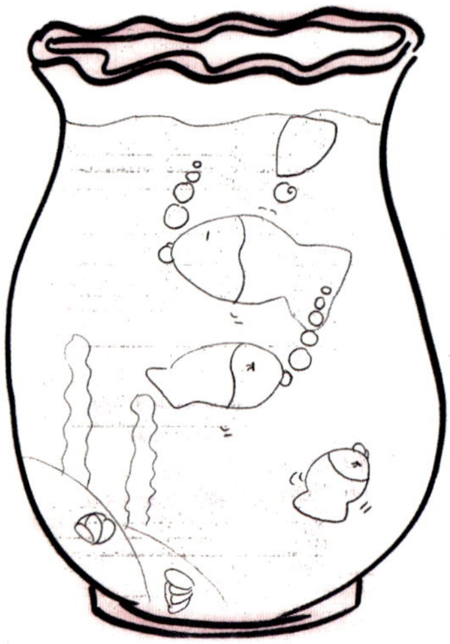

그림 14-1 억압적 가족의 아동

2) 화목한 가족 분위기 속의 아동

그림 14-2 속에 그려진 물고기는 모두 웃고 있다. 그러므로 이 작품을 그린 아동은 화목한 가족 분위기 속에서 살고 있음을 알 수 있다.

그리고 그려진 물고기의 크기는 아버지, 엄마, 내담자(자신), 동생의 순으로 그려져 있다. 그러므로 이 가족에서 중심 역할을 하는 사람은 아버지임을 알 수 있다.

또한 아버지 물고기와 동생의 물고기가 비슷하게 그려진 점을 통해서, 아버지와 동생의 성향이 비슷하다는 점을 알 수 있다. 그러나 엄마 물고기와 내담자 물고기 모양이 다르게 그려진 점을 통해서, 엄마와 내담자는 성향이 다름을 알 수 있다.

그리고 아버지와 동생 사이의 심리적 거리가 가깝고, 엄마와 내담자 사이의 심리적 거리가 가까움을 알 수 있다.

또한 아버지 물고기와 엄마 물고기가 서로 가깝게 그려진 점을 통해서, 부부 사이의 애정관계가 좋음을 알 수 있다. 전반적으로 물고기가 서로 가깝게 그려진 점을 통해서, 이 가족의 구성원들은 서로 상호작용하며 화목하게 지낸다는 점을 알 수 있다.

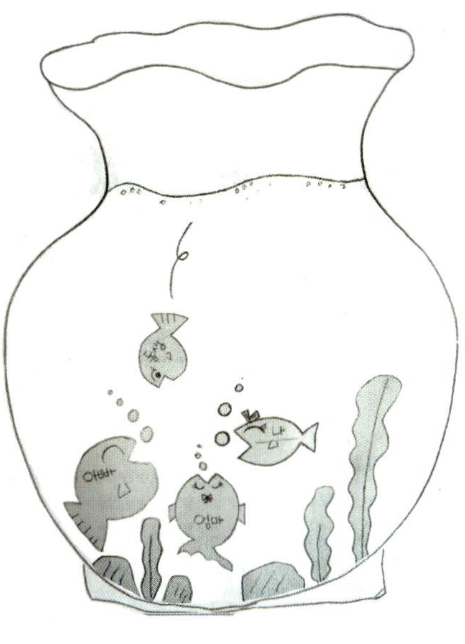

그림 14-2 화목한 가족의 아동

CHAPTER 15

동물 가족화 기법

1. 개관

동물 가족화 기법은 동물을 가족구성원으로 그리게 해서 가족구성원들 사이의 관계 등을 파악하는 기법을 말한다. 동물 가족화에 나타난 표현은 내담자가 가족구성원의 성격이나 성향에 대해 가지는 인식을 투사하는 측면이 있다.

그러므로 동물의 특성을 자기 가족의 특성과 연결시켜 표현할 경우, 내담자가 가족구성원들에 대해 평소에 느끼는 특성을 다시 한 번 생각할 수 있는 기회를 가지게 된다. 이 경우, 내담자는 자기를 중심으로 가족구성원들 사이에 친한 정도를 생각해 볼 수 있게 되고, 또한 자기가 소홀히 생각하는 가족구성원에 대해서 배려할 수 있게 된다.

그리고 동물 가족화를 작업하는 과정은, 소외된 가족구성원에 대해 의도적으로 접근함으로써, 화목한 분위기를 만들 수 있는 계기가 될 수도 있다.

2. 준비물

동물 가족화 기법을 활용하기 위해서는 다음과 같은 것이 필요하다.

- 여러 가지 종류의 동물이 있는 그림
- A4 용지
- 풀
- 가위

3. 실시방법

동물 가족화 기법을 실시하는 방법은 다음과 같다.

① A4 용지 위에 자신의 가족구성원과 닮은 이미지의 동물을 가위로 오리거나 손으로 찢은 후에, 풀을 이용해 붙여서 표현하게 한다.

② 표현된 동물 그림에다 동물이 상징하는 가족구성원의 이름, 나이, 붙인 순서를 적게 한다.

그러고 난 후에 다음과 같이 진행한다.

① 가장 먼저 표현한 가족구성원이 누구인지 알아본다. 이 경우, 먼저 붙인 순서대로 발표하게 한다.

② 자기가 위치한 곳은 어디인지 알아본다. 이 경우, 자기가 가족 내에서 차지하는 위치를 생각하도록 한다.

③ 가족 내에서 자기와 가깝게 위치해 있는 가족구성원은 누구인지 알아본다. 이 경우, 동물의 그림 발표를 통해 가족의 개념을 알 수 있다.

④ 왜 그런 동물로 가족의 모습을 표현하였는지를 생각하도록 한다. 이 경우, 동물의 상징성을 통해 비유적으로 가족관계를 표현할 수 있다.

4. 사례

그림 15-1 에서 내담자 본인은 자신을 귀여운 고양이로 표현하고 있다. 그리고 엄마는 자신을 잘 품어주는 캥거루로, 아빠는 몸집이 큰 코끼리로, 오빠는 약간의 공격 성향이 있는 오랑우탄으로 표현하고 있다.

그림 15-1 동물 가족화

CHAPTER 16

동적 가족화 기법

1. 개관

동적 가족화 기법(Kinetic Family Drawing technique: KFD)은 가족구성원이 무엇을 하고 있는 것을 그리게 하여 가족의 역동적 측면을 파악하는 기법을 말한다. 동적 가족화 기법은 1970년에 번스(Burns)와 카우프먼(Kaufman)이 개발하였다.

동적 가족화 기법의 목적은 다음과 같다(Fahmy, 2011).

① 내담자가 자신의 가족에 대해 가지는 태도를 살펴본다.

② 내담자 가족 전체의 역동적 측면을 살펴본다.

그러므로 동적 가족화 기법은 가족구성원들 사이의 관계, 가족구성원들 사이의 상호작용, 가족구성원들이 서로 친한 정도, 가족의 분위기 등을 쉽게 파악할 수 있는 기법이다.

2. 준비물

동적 가족화 기법을 활용하기 위해서는 다음과 같은 것이 필요하다.

- A4 용지: 1장
- 연필
- 지우개

3. 실시방법

동적 가족화 기법의 경우, 내담자에게 자신을 포함한 가족구성원이 '무엇인가를 하고 있는' 것을 그리게 한다.

4. 해석

동적 가족화 기법을 통해서, 가족의 역동적 측면을 살펴볼 수 있다. 예를 들어, 동적 가족화 기법에서 가족구성원이 별도의 방에 있는 식으로 그린 그림은, 내담자가 고립되어 있거나 또는 가족구성원들 사이에 상호작용이 부족하다는 것을 나타낼 수 있다(Fahmy, 2011).

5. 사례

1) 화목한 가족

그림 16-1 에서는 내담자의 가족구성원들 사이에 의사소통이 잘 이루어지고 있고, 가족구성원들이 공통된 주제를 갖고 기뻐하며 즐거워하는 모습이 담겨져 있다. 그러므로 내담자가 화목한 가족 분위기에서 지내고 있음을 알 수 있다.

그림 16-1 화목한 가족

2) 일반 가족

그림 16-2 에서는 내담자의 가족구성원들 사이에 소통이 잘 이루어지지 않고 있는 모습이 나타나 있다. 그러나 가족구성원 각각은 각자의 일을 주도적으로 잘하고 있는 모습으로 표현되어 있다.

그림 16-2 일반 가족

CHAPTER 17

만다라 기법

1. 개관

만다라 기법은 만다라(mandala)를 활용하는 기법을 말한다.[4] 만다라는 우주를 나타낸다. 역사적으로 볼 때, 만다라라는 용어는 불교에서 사용하는 매우 구조화된 명상적인 상징을 일컫는다.

만다라에는 원이 있고, 그 원 속에 상징을 나타내는 정사각형이 들어 있는 형태를 취하는 경우가 많다. 일반적으로 만다라에서는 중심부와 주변부를 매우 분명하게 보여 주는 경우가 많다.

만다라 기법은 인간의 무의식 속에 있는 이미지를 의식화해서 표현하는 방법으로 사용되어 왔다. 오늘날의 경우, 많은 학자들은 만다라 기법을 내담자의 무의식의 단계를 진단하고 치료하는 기법으로 사용하고 있다(Claudia, 2010).

홀(Hall)에 따르면, 심리적으로 볼 때에 만다라 그림은 어떤 것의 전체를 강조하는 그림이다. 만다라 기법은 융(Jung)이나 켈로그(Kelloge)의 연구에 의해 발전되어 온 기법이다. 예를 들어, 융은 균형과 건강을 살펴보면서, 만다라를 체계적으로 연구한 바 있다. 그리고 융의 경우, 자기 자신을 위하여 실시한 치료방법에서 만다라를 되풀이해서 그린 바 있다(Brooke, 2004; Brown, 1997; Claudia, 2010).

2. 준비물

만다라 기법을 활용하기 위해서는 다음과 같은 것이 필요하다.

4) 만다라(mandala)는 산스크리트(Sanskrit) 말로서, 원(circle)을 의미하고 있다(Wikipedia, 2017c).

• 8절 켄트지: 흰색 1장, 검은색 1장
• 채색 도구(색연필, 크레파스, 파스텔 등)

3. 실시방법

만다라 기법을 활용할 경우, 그림을 그리기 전에 음악을 듣고 명상을 하는 것이 좋다(Claudia, 2010).

만다라 기법은 다음과 같은 순서로 진행된다(Claudia, 2010).

① 검정, 흰색 중 마음에 드는 색의 종이를 선택한다.
② 좋아하는 색으로 원을 그린다.
③ 눈을 감고 자신의 원초적 모습을 생각하며 형과 색으로 표현한다.
④ 완성 후에 그림을 회전해 돌려보고 마음에 드는 위치에 'T'자 표시를 한다. 그러고 나서 벽에 그림을 붙인 후 감상한다.
⑤ 자신이 그린 그림에 대해서 떠오르는 단어나 제목을 기록한다.
⑥ 그림이 그려진 형태를 관찰하고 가장 중심에 그려진 형태와 주조색[5]을 기록한다.
⑦ 그림의 위쪽, 중앙, 아래쪽에 그려진 형태와 색채가 대칭인지 또는 비대칭인지를 살펴본다.
⑧ 그림의 에너지가 시계 방향인지, 또는 반대 방향인지, 또는 혼합되어 있는지를 살펴본다.
⑨ 그림의 가장자리 경계 부분에는 무엇이 그려져 있고 어떤 색으로 표현되어 있는지를 관찰한다.

---

5) 주조색은 주요한 색 또는 주로 많이 사용하는 색을 말한다.

4. 사례

1) 개인 만다라

그림 17-1 은 개인이 만다라 기법을 활용하여 만든 작품을 보여 주고 있다.

그림 17-1 개인이 만다라 기법을 활용한 작품

2) 집단 만다라

그림 17-2 에서는 집단이 만다라를 그려보는 작업을 하고 있다.

그림 17-2 집단이 만다라 기법을 활용하는 모습

CHAPTER 18

난화 기법

1. 개관

난화는 자유 그림(free picture)의 한 형태를 일컫는다. 자유 그림에는 자유로운 연상(free associations)이 나타나 있다. 그리고 자유 그림에는 그린 사람의 성격과 그린 사람이 인식하는 바가 나타나 있다(Milne & Greenway, 1999).

자유 그림과 관련해 대표적인 미술치료 기법은 난화 기법이다. 난화 기법은 목적 의식이 없이 그리는 행위 자체에서 나타나는 쾌락적인 본능적 욕구를 따르는 무의식적인 표현 기법을 말한다. 그러므로 난화는 무의식의 상태에서 표현할 수 있음을 보여 준다. 또한 난화는 무의식의 표현들을 의식화하는 통로로서의 역할을 하고 있다(Milne & Greenway, 1999; 장은경, 2009).

일반적으로 미술을 전공하지 않은 사람은 그림 그리기를 싫어하고 두려워하는 경우가 많다. 그림에 대해 거부감을 느끼는 사람에게 난화 기법은 매우 좋은 기법이다.

사실, 인간은 생활하면서 낙서와 같은 난화를 많이 그리는 경향이 있다. 예를 들어, 전화를 받을 때나 누군가와 대화를 나눌 때, 사람들은 무의식적으로 종이에 낙서를 하는 경우가 많다(Milne & Greenway, 1999).

난화 기법에는 여러 가지가 있다. 난화를 활용하는 기법의 예로 일반적 난화 기법, 눈감고 · 눈뜨고 낙서하기 기법, 단어연상 난화 기법이 있다.

2. 준비물

1) 일반적 난화 기법의 준비물

일반적 난화 기법을 활용하기 위해서는 다음과 같은 것이 필요하다.

- A4 용지
- 재료: 마음대로 선택

2) 눈감고 · 눈뜨고 낙서하기 기법의 준비물

눈감고 · 눈뜨고 낙서하기 기법을 활용하기 위해서는 다음과 같은 것이 필요하다.

- 흰 종이
- 분필
- 파스텔

3) 단어연상 난화 기법의 준비물

단어연상 난화 기법을 활용하기 위해서는 다음과 같은 것이 필요하다.

- 흰 종이
- 분필
- 파스텔

3. 실시방법

1) 사전 준비

난화 기법을 활용하기 전에 긴장을 푸는 연습을 하는 것이 바람직할 수 있다. 이를 위해서, 내담자가 몇 분 동안 긴장을 풀고 마음이 편해지게 할 수 있다. 이렇게 하기 위한 방법으로 눈을 감는 것, 긴장을 줄이는 음악을 듣는 것, 명상을 하는 것이 있다(Malchiodi, 1998).

2) 일반적 난화 기법의 실시방법

일반적 난화 기법을 실시하는 방법은 다음과 같다.

① 평소에 내담자 자신이 즐겨 그리는 낙서를 그리게 한다. 사람마다 다르지만 낙서는 일정한 형태로 표현되기도 한다. 왜 그러한 형태를 그리는지에 대해 이야기를 나누어 본다. 낙서를 그리기 어려워하는 내담자에게는 선으로 자신의 마음을 그리게 한다. 가능하면 추상적인 표현을 해보게 한다. 추상 표현은 무의식의 정신세계를 잘 나타내 주고 있다.

② 자신이 그린 난화의 가장자리 윤곽선을 따라, 형태를 선으로 그리게 한다.

③ 어떤 형태가 나타나는지를 단어로 표현해 보고, 그 단어가 갖는 의미가 자신이 그린 그림과 관계가 있는지에 대해 이야기해 본다.

3) 눈감고 · 눈뜨고 낙서하기 기법의 실시방법

(1) 실시방법

눈감고 · 눈뜨고 낙서하기 기법을 실시하는 방법은 다음과 같다.

① 책상이나 벽에다 종이를 하나 붙여 놓는다. 낙서를 그리는 동안에도 종이가 움직이지 않도록, 종이를 책상이나 벽에 테이프로 붙이거나 압핀을 사용하여 고정시킨다.

② 사용할 분필을 하나 집게 한다. 이 경우에 색은 문제가 되지 않는다. 종이 가운데에 분필을 놓고서 눈을 감은 뒤에, 종이 주변에 낙서를 그리게 한다. 종이 밖으로 분필이 나가도 걱정할 필요가 없다. 약 30분 동안 여러 가지 선을 그리면 된다. 분필을 가지고 허공에다 낙서를 미리 해볼 수도 있다. 그러고 나서 그런 낙서를 종이 위에 선으로 표현할 수도 있다.

③ 낙서를 완성하였다고 생각되면, 눈을 뜨고서 그림을 보게 한다. 자신이 그린 선과 모양을 보고서 여기서 이미지를 찾아낼 수 있는지 살펴본다. 여기에서 이미지는 특정한 형상이나 인물이나 대상 등을 말한다. 그리고 그림을 돌려가면서 각 방향에서 쳐다본다. 그림을 책상 위에서 그렸다면, 그 그림을 떼어 내어 벽에 걸은 다음에, 약간 떨어져서 그림을 볼 수도 있다.

④ 원하는 색을 골라서 자신이 본 이미지에 색을 칠하게 한다. 자신이 필요하다고 생각하거나 그렇게 하는 것이 좋다는 생각이 들 경우, 이미지를 더 세밀하게 만들 수 있다. 이 경우, 더 세밀하게 처리하고 색을 칠하고 선을 그려서, 이미지가 좀 더 분명하게 되도록 한다.

⑤ 그런 작업을 다 끝마친 후에는, 그림을 걸어 놓는다. 그 다음에 그림에 가장 알맞은 제목을 생각해 보게 한다.

(2) 유의점

눈감고 · 눈뜨고 낙서하기 기법에서는 다음과 같은 방법을 활용할 수 있다.

(가) 눈감고 낙서하기와 눈뜨고 낙서하기

눈감고 · 눈뜨고 낙서하기 기법에는 두 가지 형태가 있다. 하나는 눈을 뜨면서 낙서를 하는 것이고, 다른 하나는 눈을 감으면서 낙서를 하는 것이다.

눈을 뜨면서 낙서를 할 경우, 마음이 더 편안해질 수도 있다. 그리고 눈을 감으면서 낙서를 할 경우, 덜 꺼려지고 더 자유롭게 낙서를 할 수 있다.

두 가지 방법 중에서, 자신이 좋아하는 방법을 선택하면 된다.

(나) 두 손으로 낙서하기

낙서를 그릴 때, 두 손을 다 사용할 수도 있다. 이때에는 분필을 두 개 이상 사용해서 각 손에 분필을 들 수 있다. 이 경우, 눈을 뜨고서 두 손을 가지고 앞에서 한 것과 같은 방법으로 종이 위에 낙서를 하게 한다. 낙서가 다 끝났다고 생각되면, 낙서를 보고서 이미지를 찾게 한다.

이때에는 두 손을 다 사용하였기 때문에, 형태나 인물이나 대상 등의 이미지가 양쪽에 나타날 수도 있다.

(다) 사용하지 않는 손으로 낙서하기

즉흥적인 이미지를 만드는 방법들 중의 하나는 자주 사용하지 않는 손을 사용하는 것이다. 즉, 자신이 왼손잡이이면 오른손을, 오른손잡이이면 왼손을 사용하는 것이다. 이런 식으로 낙서를 하는 방법은 다른 손이 치료하는 힘을 보여준다.

낙서가 완성되었다고 생각하면, 이미지를 만들기 위해서 세부 사항을 추가할 수 있다. 이때에는 자주 쓰는 손을 사용해도 좋고 자주 쓰지 않는 손을 사용해도 좋다. 내담자에게 편한 방법으로 진행하면 된다. 자주 쓰지 않는 손을 사용하면, 자유로워져서 이미지를 즉흥적으로 만드는 데 도움이 될 수 있다.

4) 단어연상 난화 기법의 실시방법

내담자에게 단어를 준 후에 각 단어에서 떠오르는 이미지를 난화식으로 표현하게 한다.

4. 사례

1) 시각장애인

그림 18-1 시각장애인의 작품

그림 18-1은 시력이 약한 고등학교 남학생이 그린 작품이다.[6] 이 작품에는 필압이나 휘두르는 에너지가 잠재된 폭발적 감정이 들어 있는 듯하다.

6) 실제로 시각장애인을 위한 학교에서는 손끝의 질감으로 대상의 특징을 파악하는 그림 기법을 많이 사용하고 있다. 이 경우, 많이 사용하는 기법으로 종이 접기, 찰흙, 지점토, 볼록면을 윤곽선으로 해서 만든 형태 그리기가 있다.

2) 고등학생의 단어 연상 난화

그림 18-2 는 남자 고등학생의 그림이다. 강하게 표현한 점으로 보아, 내담자는 에너지가 많음을 알 수 있다. 그리고 필압이 강한 점으로 보아, 내담자는 적극적이고 활발하며 거침없는 성격의 소유자임을 알 수 있다.

그림 18-2 단어 연상

3) 집단 난화 ①

그림 18-3 은 30명의 고등학생이 자신이 평소에 즐겨 그리는 낙서를 한 종이에 모아서 표현한 것이다. 이렇게 낙서를 합동으로 그려봄으로써, 각각의 내담자가 가지고 있는 자기 나름의 독특한 무의식의 세계를 알 수 있게 되고, 또한 다른 사람의 세계를 이해할 수 있게 된다.

그림 18-3 집단 난화 ①

4) 집단 난화 ②

그림 18-4는 집단구성원이 자유롭게 떠오르는 연상을 낙서의 형태로 함께 그린 그림이다.

그림 18-4 집단 난화 ②

5) 골수이식수술 아동

(1) 상황

골수이식수술을 하는 아동의 경우, 검사과정이 길고 또한 독방에서 방의 조건이 통제된 상태에서 지내게 된다. 따라서 골수이식을 하는 내담자는 두려움을 가지게 된다. 예를 들어, 골수이식수술을 받으려는 아동이 있는 방은 엄격하게 관리되고, 가족과 의사 · 간호사 등도 특수한 옷을 입은 후에 마스크를 쓰고서 출입하게 되어 있다.

이에 따라 골수이식수술을 할 예정이거나 골수이식수술을 끝낸 아동은, 정서적으로 어려움을 크게 겪게 된다. 그러므로 골수이식수술을 받았거나 받을 예정인 아동이 놓인 상황을 알아보기 위해 아동과 직접적으로 이야기를 나누는 것이 어렵게 된다(Gunter, 2000).

(2) 미술치료의 활용

이런 상황에서, 아동과 의사 · 간호사들 사이를 매개하는 매체를 사용할 경우, 아동이 겪는 어려움에 대해 더 쉽게 개입할 수 있다. 이때에 매우 적절한 매체가 미술활동이다. 특히, 그림을 잘 그리지 못해도 상관없다고 미술치료사가 아동에게 분명하게 이야기하면, 골수이식 수술을 받았거나 받을 예정인 아동은 미술활동에 참여하는 경우가 많다.

(3) 난화 기법 활용의 사례

이 경우, 난화 기법을 활용할 수 있다. 이런 방법의 하나로 아동과 그림 게임을 하는 것이 있다. 이것을 실시하는 방법은 다음과 같다(Gunter, 2000).

① 미술치료사가 종이에 난화를 그리고, 아동이 이 난화에 추가해서 무엇인가를 그리게 한다.

② 미술치료사와 아동이 서로 역할을 바꾸어서 다른 종이에 난화를 그리게 한다.

이런 방식으로 일종의 그림 게임을 함으로써, 미술치료사나 의사·간호사는 아동이 생각하는 바를 알아낼 수 있다. 또한 서로 그림을 통해서 대화를 나눔으로써, 미술치료사나 의사·간호사와 아동 사이에 치료와 관련된 상담을 할 수 있다.

골수이식 수술을 한 아동이 그린 그림의 경우, 머리를 대머리로 그렸는데, 골수이식수술을 하면 머리가 빠지는 점을 표현한 것으로 보인다. 또한 아동은 머리끝에 십자가를 그렸는데, 이것은 죽음에 대한 상상을 표현한 것으로 보인다. 그리고 아동이 그린 난화에는 입이 없는데, 이것은 한편으로는 아동이 치료받던 중에 입에 상처가 난 것을 보여 주고, 다른 한편으로는 자기 상황을 다른 사람에게 설명할 수 없음을 나타내는 것으로 보인다(Gunter, 2000).

CHAPTER 19

콜라주 기법

1. 개관

콜라주(collage)의 본래 의미는 '풀칠하다' 또는 '바르다'이다(Wikipedia, 2017d). 콜라주 기법은 여러 가지 재료를 사용해서 자신만의 독특하고 개성 있는 화면 구성을 만드는 기법을 말한다.

콜라주 기법에 사용할 수 있는 재료의 예로 종이, 화보, 사진, 헝겊, 색지, 톱밥, 모래, 한지가 있다. 콜라주 기법과 비슷한 방법으로 파피에 콜레(papier collé)라는 기법이 있다. 파피에 콜레는 우표, 상표, 신문지, 벽지와 같은 종이를 붙여서 그림을 만드는 방법을 말한다. 그리고 데콜라주(décollage)는 콜라주 한 부분을 작품에서 다시 떼어내어 화면을 구성하는 방법을 말한다.

콜라주를 통해서, 미술은 물체와 만나게 된다. 이에 따라서 콜라주 기법은 우리가 흔하게 사용하고 있는 물건들이 예술품으로 인식될 수 있는 길을 열어 주고 있다(전영신, 1994).

콜라주 기법을 이용한 미술치료에서는 신문, 잡지, 색지, 화보, 사진 속에 표현된 영상매체를 선택해 붙이는 방식을 통해서 자신의 마음을 표현하는 경우가 많다. 그러므로 미술치료와 관련시켜 볼 때, 콜라주 기법은 다음과 같은 특징을 지니고 있다.

① 콜라주 기법은 그림 그리기를 두려워하는 사람에게 좋다. 왜냐하면 콜라주 기법에서는 그림을 그리지 않고서도 자신의 마음을 쉽게 표현할 수 있기 때문이다. 예를 들어, 종이를 찢거나 오려서 작품을 만들 수 있다.

② 콜라주 기법에서는 비유나 상징을 쉽게 표현할 수 있다. 왜냐하면 콜라주 기법에서는 이중 이미지(double image), 파피에 콜레, 데콜라주와 같은 방법을 이용해, 전혀 관계없는 사물을 함께 화면에 배치해서 환상적 이미지를 창조할 수 있기 때문이다.

③ 콜라주 기법에서는 내적 이미지가 연상하는 효과를 표현할 수 있다. 왜냐하면 콜라주 기법에서는 잡지나 신문 등을 통해 표현된 이미지에 숨겨져있는 자신만의 내면 언어를 찾아낼 수 있기 때문이다. 따라서 콜라주 기법에서는 콜라주가 갖는 이미지를 사람마다 다르게 표현할 수 있다.

그리고 콜라주의 형태로 포토몽타주(photomontage)가 있다. 포토몽타주는 사진 전체나 사진의 일부를 이용해 만든 콜라주를 말한다(Wikipedia, 2017d). 따라서 포토몽타주는 일종의 포토(사진) 콜라주라고 볼 수 있다.

2. 준비물

콜라주 기법을 활용하기 위해서는 다음과 같은 것이 필요하다.

- 잡지, 신문, 사진 등과 같은 인쇄매체
- 풀
- 가위
- 종이
- 빈 상자

3. 실시방법

콜라주 기법을 활용하는 방법은 다음과 같다.

① 잡지나 사진 속에서 주제에 관련이 있는 화면을 선택하여 손으로 찢거나 가위로 오려 붙이게 한다.

② 그림이 완성된 후에는 그림 속의 상징 이미지에 대해 서로 이야기를 나눈다.

4. 사례

1) 먹순이 콜라주

그림 19-1 은 다이어트를 하고 있는 여고생의 작품으로, 내담자 자신이 현재 하고 싶은 모습을 표현하고 있다. 넘치는 식욕을 누르지 못하고 자신이 먹고 싶은 족발을 손에 들고 있고 또한 배고픔 때문에 눈동자가 멍한 모습을 통해서, 내담자는 자신이 가지는 스트레스를 표현하고 있다고 볼 수 있다.

그림 19-1 먹순이 콜라주

2) 슈퍼우먼

그림 19-2 에서는 자신의 과거 모습을 슈퍼우먼처럼 표현하고 있다. 이 작품에서는 자신의 일에 열중하는 모습이 나타나 있다. 그리고 당시의 넘치는 에너지 때문에, 자동차 정도는 한 팔로 쉽게 끌어당길 수 있는 내담자의 자신에 찬 모습도 나타나 있다.

그림 19-2 슈퍼우먼

3) 새우젓 수녀

그림 19-3 새우젓 수녀

그림 19-3에서는 자기 미래의 희망을 표현하고 있다. 이 작품에서 내담자는 새우가 살아 있을 때뿐만 아니라 죽어서도 사회에 공헌할 수 있는 있다고 보면서, 자신도 이런 새우처럼 살기를 원한다는 점을 표현하고 있다. 즉, 이 작품에서 내담자는 성직자처럼 영원히 기억되고 사랑을 퍼주는 수저와 같은 삶을 살기를 바라는 모습을 표현하고 있다.

그러면서도, 때로는 선글라스와 같이 남의 시각에서 바라보았을 때, 내담자 자신이 좋은 모습으로 비치지기를 바라는 희망이 표현되어 있다.

4) 나의 미래

그림 19-4에는 내담자 자신이 나중에 큰 저택에서 큰 회사를 경영하며 살 것이라는 자신감이 나타나 있다.

그림 19-4 나의 미래

CHAPTER 20

별-파도 검사(SWT)

1. 개관

별-파도 검사(별-파도 기법)(Star-Wave-Test, SWT)는 바다의 파도 위에 별이 있는 하늘을 그리게 해서 내담자의 심리를 파악하는 기법을 말한다. 별-파도 검사는 독일의 필적학자이며 심리학자인 우슐라 아베 랄레먼트(Ursula-Ave-Lallemant)가 개발하였다. 별-파도 검사에 대한 자료는 1979년에 독일어로 발표되었고, 그 후 1984년에 영어로 번역되었다(Dumitrana, 2008).

2. 준비물

별-파도 검사를 하기 위해서는 다음과 같은 것이 필요하다.

- A4 용지: 1장
- 연필(4B~HB)
- 지우개

3. 실시방법

별-파도 검사는 개인적으로 실시할 수도 있고, 집단으로 실시할 수도 있다. 그러나 별-파도 검사는 개인적으로 실시하는 것을 권장하고 있다(Dumitrana, 2008).

별-파도 검사의 경우, 연필로 바다의 파도 위에 별이 있는 하늘을 그리게 한다. 그리고 별과 파도를 그린 후에 다시 추가로 그려보게 함으로써, 내담자에 대한 추가적인 정보를 얻을 수도 있다. 별-파도 검사를 실시하는 데 있어 시간은 제약하지 않고 있다(Dumitrana, 2008).

4. 해석

별-파도 검사에서는 별, 파도, 공간 배치에 대해 다음과 같이 해석하고 있다(옥금자, 2007).

① 별을 그릴 때에 사용한 한 줄 긋기의 필체는 대뇌의 기능과 관련이 있다.
② 파도를 그릴 때에 사용한 흔들리는 동작은 소뇌의 기능과 관련이 있다.
③ 내담자가 별과 파도를 공간 안에 어떻게 배치하는가를 통해서, 내담자의 정신적 특성을 이해할 수 있다.

5. 사례

그림 20-1은 별-파도 검사를 활용한 예이다.

그림 20-1 별-파도 검사를 활용한 예

CHAPTER 21

발테그 검사(WZT)

1. 개관

발테그 검사(Wartegg-Zeichen-Test: WZT)는 8개의 서로 다른 그림의 모형 틀에 그림을 그리게 해서 내담자의 성격을 파악하는 기법을 말한다. 발테그 검사는 1920년대와 1930년대에 독일의 심리학자인 발테그(Wartegg)가 개발하였다(Roivainen, 2009)

2. 준비물

1) 준비물

발테그 검사를 하기 위해서는 다음과 같은 것이 필요하다.

- 발테그 검사 양식(WZT test form)
- 연필

2) 검사 양식

발테그 검사 양식은 8개의 사각형을 두 줄로 붙여 놓은 모습을 하고 있다. 각 사각형은 검은 테로 둘러싸여져 있다.

그리고 각각의 사각형은 흰색으로 되어 있는데, 각 사각형 속에는 조그만 표시(sign, 예컨대 점이나 선)가 있다. 예를 들어, 첫 번째 사각형의 중앙에는 점이 표시되어 있다. 이 표시는 그림을 시작하는 지점이다(Roivainen, 2009).

3. 실시방법

발테그 검사의 경우, 내담자에게 8개의 그림을 완성하게 한다. 이 경우, 각 사각형에 있는 표시를 그림 속에 포함시키게 한다(Roivainen, 2009).

4. 해석

일반적으로 내담자는 검사 양식을 이용해 지시대로 그려 나간다. 내담자가 검사 양식에 있는 표시를 무시할 경우, 내담자는 내적 세계를 더 중요하게 생각할 가능성이 크고, 이에 따라 내담자는 외부 현실로부터 고립되어 있을 가능성이 크다(옥금자, 2007).

각 사각형의 구체적 특성과 주제는 다음과 같다(옥금자, 2007).

① 1번은 중심, 집약, 자기, 자아와 관련된다.
② 2번은 유동성, 운동, 움직임, 감정과 관련된다.
③ 3번은 상승, 엄격, 규칙성, 노력, 의욕과 관련된다.
④ 4번은 중량감, 무의식, 하중, 곤란과 관련된다.
⑤ 5번은 갈등, 긴장감, 능력, 삶에 필요한 에너지와 관련된다.
⑥ 6번은 통합, 전체성, 완전성과 관련된다.
⑦ 7번은 섬세함, 민감, 감수성과 관련된다.
⑧ 8번은 편안함, 느긋함, 안심, 감싸기와 관련된다.

5. 사례

그림 21-1 은 발테그 검사를 활용한 예이다.

그림 21-1 발테그 검사를 활용한 예

CHAPTER 22

빗속의 사람(PITR) 기법

1. 개관

빗속의 사람(Person In The Rain: PITR) 기법은 빗속에 있는 사람의 그림을 보고서 내담자의 상황을 파악하는 기법을 말한다. 빗속의 사람 기법은 에이브럼스(Abrams)와 엠친(Amchin)이 개발하였다.

빗속의 사람 기법을 통해서, 현재 내담자가 겪고 있는 스트레스의 정도와 내담자가 스트레스에 대처할 수 있는 능력을 파악할 수 있다.

2. 준비물

빗속의 사람 기법을 활용하기 위해서는 다음과 같은 것이 필요하다.

- A4 용지
- 연필
- 지우개

3. 실시방법

빗속의 사람 기법의 경우, 지금 비가 내리고 있다고 가정하고서 빗속에 있는 사람을 그리게 한다.

빗속의 사람 기법에서는 막대기나 졸라맨처럼 그리지 않게 하여야 한다. 그리고 빗속의 사람 기법을 활용할 경우, 자유로운 분위기에서 그릴 수 있도록 한다.

4. 해석

1) 관련 질문과 살펴볼 측면

빗속의 사람 기법에서는 여러 가지 질문을 한다. 우선, 빗속의 사람 기법에서는 내담자에게 다음에 대해 질문한다.

① 그림에서 느껴지는 것
② 그림에 있는 사람의 나이
③ 그림에 있는 사람이 하고 있는 것
④ 그림에 있는 사람의 기분
⑤ 그림에 있는 사람을 보면 생각나는 사람
⑥ 그림에 있는 사람에게 필요한 것
⑦ 그림에 있는 사람이 비에 젖어 있는지 여부
⑧ 바람은 불고 있는지 여부

그리고 스트레스를 받는 영역을 파악하기 위해, 다음과 같은 측면을 살펴본다.

① 비의 양
② 비의 세기
③ 비의 모양
④ 바람의 세기와 비의 기울기
⑤ 비와 사람이 접촉하는 정도
⑥ 비와 구름이 접촉하는 정도
⑦ 번개의 수
⑧ 웅덩이의 수

또한 스트레스에 대처하는 방식을 파악하기 위해, 다음과 같은 측면을 살펴본다.

① 직접적 · 간접적으로 보호막이 되는 것
② 얼굴 모습과 가려진 정도
③ 얼굴 표정
④ 인물의 크기
⑤ 인물의 위치
⑥ 전체 인물의 모습
⑦ 선의 떨림이나 부드러운 선

2) 해석의 예

우산과 관련해 해석한 예를 제시하면 다음과 같다(Bright Side, 2017).

(1) 우산이 없는 것

우산이 없는 것은 스트레스를 겪는 상황에 대처하는 데 도움을 주는 방법과 자원을 내담자는 가지고 있지 않다는 것을 의미한다.

(2) 우산이 큰 것

우산이 큰 것은 내담자가 매우 방어적이라는 것을 의미한다. 따라서 우산을 크게 그리는 것은, 내담자는 보호할 필요가 있는 사람이고 고립을 좋아하는 사람이라는 것을 의미한다.

(3) 우산에 손잡이가 있는 것

우산에 손잡이가 있는 것은 내담자를 지지할 필요가 있음을 의미하고, 또한 내담자를 위해 일부 행동 계획을 준비할 필요가 있음을 의미한다.

5. 사례

그림 22-1 은 빗속의 사람 기법을 활용한 예이다.

그림 22-1 빗속의 사람 기법을 활용한 예

CHAPTER 23

그림 이야기 기법(DAS)

1. 개관

그림 이야기 기법(Draw-a-story Instrument: DAS)은 우울증을 초기에 진단하고 공상적 사고를 진단하는 기법을 말한다. 그림 이야기 기법은 실버(Silver)가 1988년에 개발하였다. 그림 이야기 기법은 일반인에게도 정신건강문제와 관련해 사용되는 기법이다.

그림 이야기 기법에서는 자극화를 옮겨 그려서 이야기를 꾸며내는 방법을 사용하고 있다. 따라서 그림 이야기 기법은 부담이 없는 기법이다(옥금자, 2005).

2. 준비물

그림 이야기 기법을 활용하기 위해서는 다음과 같은 것이 필요하다.

- 자극화 14개
- 그림 그리는 도구

3. 실시방법

그림 이야기 기법의 경우, 14개의 자극화를 보여 주고서 이 중에서 2개의 그림을 선택해 내담자의 자극화로 하게 한다. 구체적으로 그림 이야기 기법을 실시하는 과정은 다음과 같다(옥금자, 2005).

① 내담자가 선택한 자극화를 보면서, 이 그림에서 일어나고 있는 것을 상상해 보게 한다.
② 2개의 자극화를 합쳐서 하나의 그림을 그리게 한 후에, 그림의 제목을 붙이고 이야기를 만들어 보게 한다.
③ 그림을 변화시켜 그릴 수 있다고 설명한 후에, 자신의 생각을 추가해 변형된 그림을 그리게 한다.
④ 완성된 그림에 대해 이야기를 기록하게 한다.
⑤ 자신이 그린 그림의 의미에 대해 이야기를 나누고, 이 그림이 자신의 현실과 유사점이 있는지 등에 대해 이야기를 나눈다.

4. 해석

그림 그리기 기법은 7점 척도로 평가하고 있다. 이 경우, 매우 부정적인 주제에 대해서는 1점을 준다. 매우 부정적인 주제의 예로 자살이 있다. 그리고 매우 긍정적인 주제에 대해서는 7점을 준다. 매우 긍정적인 주제의 예로 신혼여행이 있다.

5. 사례

그림 23-1 은 그림 이야기 기법을 활용한 예이다.

그림 23-1 그림 이야기 기법을 활용한 예

CHAPTER 24

나무에서 사과 따는 사람(PPAT) 기법

1. 개관

나무에서 사과 따는 사람(Person Picking an Apple from the Tree: PPAT) 기법은 사람이 나무에서 사과를 따는 모습으로 자기를 표현하는 것과 상황 속에서 문제를 해결하고 목적을 성취하는 방법을 진단하는 기법을 말한다. 나무에서 사과 따는 사람 기법은 로웬펠드(Lowenfeld)가 개발하였다. 그러다가 1986년에 정신병원에서 정신건강문제를 가진, 5000명의 그림을 모아 표준화하였다.

2. 준비물

나무에서 사과 따는 사람 기법을 활용하기 위해서는 다음과 같은 것이 필요하다.

- 마커
- 8절지 종이

3. 실시방법

나무에서 사과 따는 사람 기법에서는 다음과 같이 지시한다.

"당신은 사과나무 아래에 있는데, 당신이 그 사과를 따기 위해 손을 뻗었으나 좀 떨어져 있다. 그래서 당신은 많은 노력을 기울여 그 사과를 얻는다. 이제 당신은 그것을 가지고 있고 즐겁게 먹고 있다. 이제 사과나무에서 사과를 따는 당신의 모습을 그려 보세요."

4. 해석

나무에서 사과 따는 사람 기법의 경우, 다음과 같은 항목을 살펴보고 있다.

① 형식과 관련해, 색칠 정도, 색의 적절성, 내적 에너지, 공간, 통합, 논리성, 사실성, 문제를 해결하는 힘, 발달단계, 세부묘사와 주변 환경, 선의 질, 사람, 기울기, 반복성을 살펴본다.

② 내용과 관련해, 그림의 방향, 전체 그림의 색, 사람의 유무, 사람에 사용된 색, 사람의 성, 사람의 실제적 에너지, 사람의 얼굴 방향, 나이, 옷, 사과나무, 사과나무의 색, 주변 환경에 대한 묘사, 다른 형태들을 살펴본다.

5. 사례

그림 24-1은 나무에서 사과 따는 사람 기법을 활용한 예이다.

그림 24-1 나무에서 사과 따는 사람 기법을 활용한 예

CHAPTER 25

새둥지화(BND) 기법

1. 개관

새둥지화(Birds Nest Drawing: BND) 기법은 애착과 관련된 가족의 역동성을 진단하는 기법을 말한다. 새둥지화 기법은 카이저(Kaiser)가 1996년에 개발하였다.

2. 준비물

새둥지화 기법을 활용하기 위해서는 다음과 같은 것이 필요하다.

- A4 용지
- 4B 연필
- 지우개
- 색연필(색상 수와 재료는 제한 없음)

3. 실시방법

새둥지화 기법에서는 "새둥지를 그리세요" 또는 "새둥지를 생각하고 그것과 관련된 그림을 그리세요"와 같이 지시한다.

새둥지화 기법을 실시할 때에는 자유롭고 편안한 분위기를 만들어준다.

4. 해석

새둥지화 기법의 경우, 다음과 같은 항목을 살펴보고 있다.

① 애착과 관련해, 아기 새들, 한 부모 새들, 아기 새와 부모 새들, 두 부모 새들, 알들을 살펴본다.

② 둥지의 기능과 관련해, 내용물, 나무(둥지가 나무에 의해 지지되는지), 둥지 바닥, 담을 가능성(내용물이 떨어지지 않게 수평을 이루는 것)을 살펴본다.

③ 정신적 · 병리적 요소와 관련해, 공간(종이의 1/3 이상을 사용하는지), 배치(둥지가 중심에 있는지), 사용하는 색상의 수, 선의 질, 둥지의 크기를 살펴본다.

5. 사례

그림 25-1 은 새둥지화 기법을 활용한 예이다.

그림 25-1 새둥지화 기법을 활용한 예

CHAPTER 26

9분할 통합법

1. 개관

9분할 통합법(9분할 통합 기법)은 도화지에 테두리를 친 후에 3×3칸으로 9개로 분할해서 각 칸 속에 그림을 그리게 하는 기법을 말한다. 9분할 통합법은 1986년에 일본의 모리타니가 개발하였다.

9분할 통합법을 통해서, 내담자는 자신이 대상에게 느끼는 다양한 생각들을 정리하면서 주변의 이미지를 확실히 확인할 수 있게 된다. 즉, 9분할 통합법을 통해서 자신이 생각하던 것들을 시각적 이미지로 그려봄으로써, 내담자는 자신의 생각을 통합적이고 확실하게 정리해 볼 수 있게 된다.

2. 준비물

9분할 통합법을 활용하기 위해서는 다음과 같은 것이 필요하다.

- 도화지나 A4 용지
- 검은색 매직, 펜, 연필, 크레파스, 색연필

9분할 통합법의 3×3칸 모습은 그림 26-1과 같다.

5	6	7
4	1	8
3	2	9

그림 26-1 9분할 통합법의 3×3칸

3. 실시방법

9분할 통합법의 경우, 자신, 가족, 친척, 연인, 친구의 이미지를 그려보게 한다. 이 경우, 주제를 정하고 그리게 할 수도 있고, 떠오르는 대로 자유롭게 그리게 할 수도 있다.

구체적으로 9분할 통합법은 다음과 같이 진행된다.

① 3×3칸을 검은색 펜으로 용지 위에 그린 후에 자유롭게 그림을 그리게 한다. 칸에 그림을 그리는 순서는 가운데 칸을 중심으로 시계 방향으로 그려도 된다.
② 그림을 그린 후, 각 칸마다 간단한 제목을 써넣게 한다.
③ 그림에 색을 칠하게 한다.
④ 그림을 그린 후, 전체 그림의 주제를 적게 한다.
⑤ 그림에 대한 연상과 느낌을 써보게 한다. 이때에 도형, 기호, 문자를 사용할 수 있다.

9분할 통합법에서는 첫 번째 그림과 아홉 번째 그림이 갖는 의미가 중요하므로 이 부분의 그림에 대해 생각해 보게 한다.

4. 사례

그림 26-2는 9분할 통합법을 활용한 예이다.

그림 26-2 9분할 통합법을 활용한 예

PART Ⅲ

기타 미술치료 기법

CHAPTER 27

기타 여러 가지 미술치료 기법

미술치료의 기법에는 위에서 제시한 기법 이외에도 여러 가지가 있다. 이 중의 일부를 간단히 소개하면 다음과 같다.

1) 스펀지 기법

스펀지(sponge) 기법은 부드러운 스펀지로 물감을 묻혀 화선지에 표현하는 기법을 말한다.

그림 27-1 스펀지 기법을 활용한 작품

2) 핑거 페인팅 기법

핑거 페인팅(finger painting) 기법은 물감과 풀을 섞어서 손가락으로 그림을 그리는 기법을 말한다. 일반적으로 핑거 페인팅 기법에서는, 두꺼운 종이 위에 마음껏 난화로 자신의 내면을 표현하고 있다. 핑거 페인팅 기법에서는 무의식이 내면에 잘 투사되고 있다.

그러므로 핑거 페인팅 기법을 활용한 미술활동의 경우, 내담자 자신도 모르는 단어나 표현 행동을 통해서, 미술치료사는 내담자의 갈등이나 상처를 파악할 수 있다.

그림 27-2 핑거 페인팅 기법을 활용해 작업하는 모습

3) 데칼코마니 기법

데칼코마니(décalcomanie) 기법은 종이를 반으로 접어 물감을 바른 후에 문질러 표현하는 기법을 말한다.

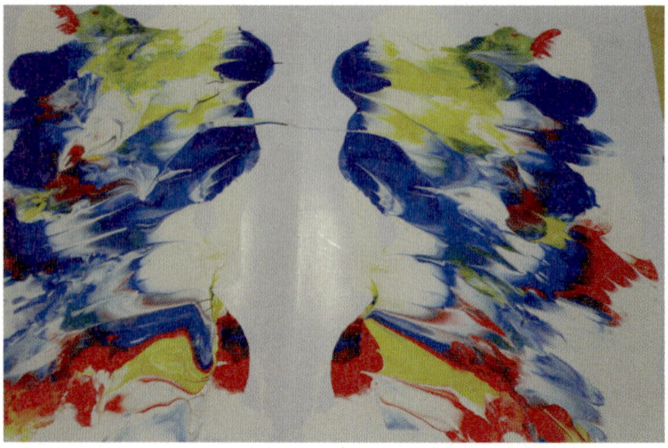

그림 27-3 데칼코마니 기법을 활용한 작품

4) 입체 기법

(1) 점토 기법

점토 기법은 다양한 점토를 이용해서 조각칼이나 여러 도구로 내면을 표현하는 기법을 말한다.

그림 27-4 점토 기법을 활용해 작업하는 내담자

(2) 밀가루 기법

밀가루 기법은 색 물감을 밀가루와 혼합하는 과정에서 나타나는 매체의 부드러운 특성을 잘 표현하는 기법을 말한다.

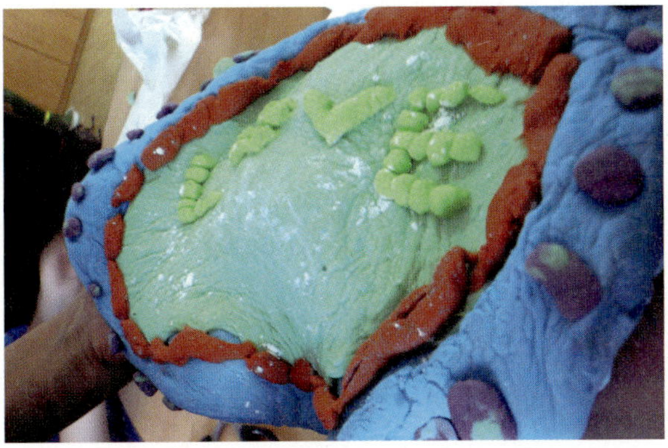

그림 27-5 밀가루 기법을 활용한 작품

5) 색물총 쏘기 기법

색물총 쏘기 기법은 물총 안에 색 물감을 넣은 후에 물총을 쏘아서 그림을 그리는 기법을 말한다.

그림 27-6 색물총 쏘기 기법을 활용하고 있는 아동들

6) 자신 광고 기법

자신 광고 기법은 콜라주(collage) 기법을 활용해서 자신을 표현하는 기법을 말한다.

그림 27-7 자신 광고 기법을 활용한 작품

7) 초기 기억화 기법

초기 기억화 기법은 자신의 초기 생애에 대해 기억을 떠올려서 표현하는 기법을 말한다.

그림 27-8 초기 기억화 기법을 활용한 작품

8) 이름의 의미 기법

이름의 의미 기법은 자신의 이름에 대해 새로운 의미를 넣으면서 표현하는 기법을 말한다.

그림 27-9 이름의 의미 기법을 활용한 작품

9) 미래 설계 기법

미래 설계 기법은 자신의 미래에 대한 계획, 꿈, 희망을 표현하는 기법을 말한다.

그림 27-10 미래 설계 기법을 활용한 작품

10) 신체 본뜨기 기법

신체 본뜨기 기법은 자신의 모습을 본뜬 후에 여러 가지 방법을 이용해서 표현하는 기법을 말한다. 신체 본뜨기 기법은 자아를 강화하는 특성을 지니고 있다. 따라서 신체 본뜨기 기법을 활용하는 미술치료의 경우, 내담자 자신이 되고 싶은 모습을 집단구성원들에게 요청하여 자신의 모습을 만들어 나가고 있다. 신체 본뜨기 기법에서는 내담자가 성취하고자 하는 모습을 구체적으로 만들 수 있다.

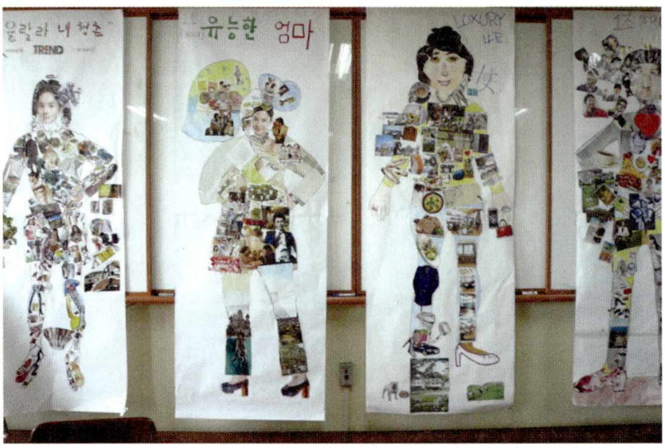

그림 27-11 신체 본뜨기 기법을 활용한 작품들

11) 석고 뜨기 기법

석고 뜨기 기법은 석고 붕대를 사용해서 자기 신체의 일부를 석고로 뜨는 기법을 말한다.

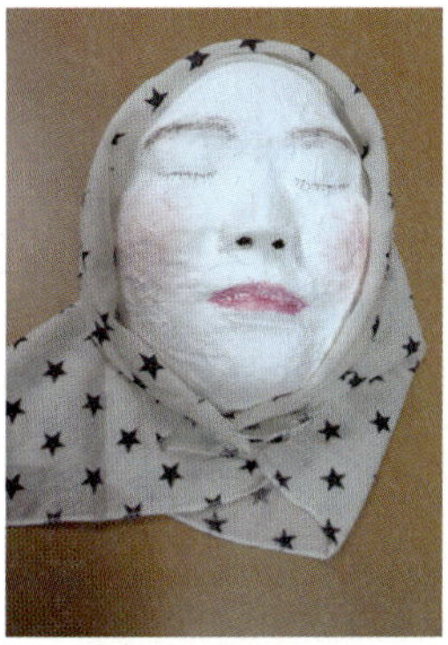

그림 27-12
석고 뜨기 기법을 활용한 작품(얼굴)

그림 27-13
석고 뜨기 기법을 활용한 작품(손)

12) 인형 만들기 기법

인형 만들기 기법은 여러 가지 헝겊 재료를 이용해서 인형을 만드는 기법을 말한다.

그림 27-14 인형 만들기 기법을 활용한 작품

13) 손님 초대하기 기법

손님 초대하기 기법은 자신이 요리를 만들어서 손님을 초대하는 기법을 말한다.

그림 27-15 손님 초대하기 기법을 활용한 작품

14) 한지로 만들기 기법

한지로 만들기 기법은 한지를 이용해서 다양한 모양을 표현하는 기법을 말한다.

그림 27-16 한지로 만들기 기법을 활용한 작품

15) 음식치료 기법

음식은 추억이고 향수이며, 또한 인간의 감각을 본능적으로 일깨우는 재료이다. 음식치료(food therapy) 기법은 음식의 이런 특성을 활용하는 기법을 말한다.

음식치료 기법은 연령대별로 좋아하는 재료를 이용해 음식을 만들어 본 후에 시식도 할 수 있는 기법이다. 노인 미술치료나 아동미술치료를 실시할 때에 음식치료 기법을 유용하게 적용할 수 있다. 예를 들어, 노인이나 아동을 대상으로 미술치료를 실시할 경우, 계절에 알맞은 음식 재료를 이용해 치료 공간에서 만들어 보고 간단한 파티도 할 수 있다.

그림 27-17
음식치료 기법을 활용한 작품

16) 조개가루 놀이 기법

조개가루 놀이 기법은 바닷가에 있는 조개껍질 가루를 이용해 안전한 놀이를 하는 기법을 말한다. 조개가루 놀이 기법의 경우, 부드러우면서 손에 달라붙지 않고 뭉쳐지지 않는 재료의 특성을 활용하고 있다.

조개가루는 천연재료이어서 안전하고, 형태를 자유롭게 바꿀 수 있다. 그러므로 조개가루 놀이 기법은 강박이 있는 내담자에게 좋은 기법이다.

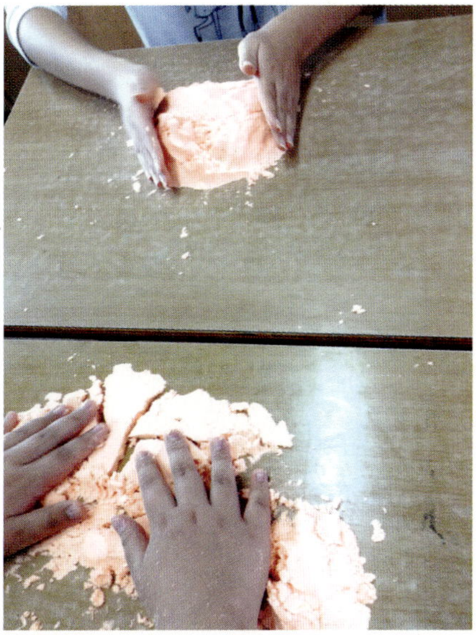

그림 27-18
조개가루 놀이 기법을 활용하는 모습

17) 우리집 천사 만들기 기법

우리집 천사 만들기 기법은 내담자에게 자신의 가족구성원들 중에서 천사가 누구인지를 생각하게 하고, 색종이를 이용해 가족천사를 만들어 보는 기법을 말한다. 그러므로 우리집 천사 만들기 기법을 통해서, 내담자는 가족구성원들 중에서 자신을 지켜줄 수 있는 사람이 누구인가를 파악할 수 있다.

우리집 천사 만들기 기법은 가족치료나 집단치료 기법으로 유용하게 사용할 수 있다.

그림 27-19 우리집 천사 만들기 기법을 활용한 작품

18) 웅덩이화 기법

그림 27-20 웅덩이화 기법을 활용한 작품

웅덩이화 기법은 A4 용지에 웅덩이를 그리고 나서, 웅덩이 속에는 내담자 자신을 그리고, 웅덩이 밖에는 자신을 구해줄 수 있는 어떤 사람을 그리는 기법을 말한다. 그러므로 웅덩이화 기법을 통해서, 위험에 빠져 있는 자신을 구해줄 수 있는 사람은 누구인가를 알 수 있다.

19) 동굴화 기법

동굴화 기법은 내담자가 동굴 안에서 바깥세상을 바라보는 풍경을 그리는 기법을 말한다. 동굴화 기법에서는 타원을 용지에 그린 후에, 내담자가 동굴에 살고 있다면 어떤 세계가 보일 것인지를 그리게 한다. 그러고 나서 색을 칠한 후에, 미술치료사는 계절, 동굴에 살고 있는 사람 등 여러 가지에 대해 내담자와 이야기를 나눈다.

그림 27-21 동굴화 기법을 활용한 작품

20) 계란화 기법

계란화 기법은 계란이 깨졌을 때에 나왔으면 하는 것을 그림으로 그려보는 기법을 말한다. 계란화 기법을 통해서, 내담자의 욕구, 소망, 희망을 분석할 수 있다. 때에 따라서는 아동들과 미술치료사 사이의 라포를 형성하기 위해 계란화 기법을 활용하기도 한다.

그림 27-22 계란화 기법을 활용한 작품

PART

IV

사진을 이용한 치료

CHAPTER 28

사진과 사진치료의 개념과 특징

1. 현대사회와 사진

사진매체는 현대사회에서 가장 많이 사용되는 매체들 가운데 하나이다. 아침에 눈을 떠서 하루를 시작하고 밤이 되어 잠들기 전까지, 오늘날의 인간은 수백 장 또는 수천 장의 사진과 마주하게 된다. 예를 들어, 오늘날의 인간은 아침에 눈을 뜨자마자 핸드폰 속에서 사진 이미지를 보게 되고, 이외에 신문, 책, 광고, TV, 카페 벽면의 액자, 영상통화, 모바일 메신저로 주고받은 사진 등과 만나게 된다. 따라서 오늘날의 인간은 알게 모르게 항상 사진에 노출되어 있다. 또한 누군가에게 자신이 본 것이나 경험한 것을 설명하고자 할 때, 글이나 말로 설명하는 것보다는 핸드폰으로 촬영해서 전송하는 것이 훨씬 더 간단하고 정확히 이해시킬 수 있다.

그러므로 현대사회에서 사진은 마치 공기와 같을 정도로 없어서는 안 될 중요한 도구가 되고 있다. 무엇보다도 오늘날에 사진은 필요한 이미지를 만들고 공유하는 가장 쉬운 도구가 되고 있다. 이런 탓에, 현대를 '이미지의 홍수' 시대라고 부를 수 있다.

이런 상황에서, 하루에도 셀 수 없을 정도로 사진 이미지가 만들어지고 소비되는 이 시대에 어떻게 하면 사진을 효과적으로 사용할 수 있는지 그 방법에 대해 관심을 가질 필요가 있다. 특히, 사진을 인간의 정신건강에 유용하게 활용하는 방법에 대해 관심을 가질 필요가 있다. 땅 바닥에 돌아다니는 모래를 물과 적당히 섞어서 좋은 건축 자재로 사용할 수 있듯이, 주위에서 흔히 볼 수 있는 사진도 인간을 심리적으로 치유하는 데 유용하게 사용할 수 있다. 사진치료는 이런 맥락에서 등장하였다고 볼 수 있다.

2. 사진의 개념과 특징 및 역사

1) 사진의 개념

사진의 영어 용어인 '포토그래피(photography)'는 원래 그리스어인 '포스(phos)'와 '그라포스(graphos)'라는 단어가 합쳐진 것이다. 여기서 포스(phos)는 '빛'을 의미하고, 그라포스(graphos)는 '그린다'를 의미하고 있다. 따라서 포토그래피는 '빛으로 그린 그림'이라는 의미를 담고 있다(김정임 · 최군성 · 김정숙 · 조우성, 2014). 결국 단순하게 볼 때, 사진은 빛으로 그린 그림을 의미한다(노대겸, 2015).

국어사전에 따르면, 사진은 "물체의 형상을 감광막 위에 나타나도록 찍어 오랫동안 보존할 수 있게 만든 영상"을 말한다(한컴사전, 2017). 그러나 학문적으로 볼 때, 사진은 "카메라를 이용하여 필름이라는 2차원적 화면 위에 빛을 조정하여 과학적 방법으로 만든 평면 영상으로서 의사전달을 하는 시각 언어(visual language)"를 말한다(김정임 외, 2014: 9).

2) 사진의 특징

사진은 여러 가지 특징을 지니고 있다. 사진의 주요한 특징을 몇 가지 제시하면 다음과 같다.

① 사진은 이미지의 언어이다. 즉, 사진은 문자나 말보다 직접적으로 당시의 현장을 담아낸 도구이다. 따라서 사진을 보는 독자들은 당시의 현장감을 생생하게 느낄 수 있다. 자신이 먹은 음식이 맛있다고 글이나 말로 설명하는 것보다는 먹은 음식을 사진을 한 장 찍어서 보여 주는 것이, 보는 이로 하여금 군침이 더 돌게 할 수 있을 것이다. 아마 오늘날의 인간이면 누구나 이런 경험을 해보았을 것이다.

② 사진은 복제가 가능하다. 이것은 사진매체만이 가지는 강력한 특징이다. 사진의 복제성은 한 장의 사진을 수많은 사람에게 보여 줄 수 있다는 것을 의미하고 있다. 사진의 복제성은 신문의 1면처럼 강력한 힘을 가지고 있다. 예를

들어, 한 장의 사진을 사회관계망(social network)에 올리면, 이 사진은 몇 초 되지 않아서 전 세계로 퍼져나갈 수도 있다.

③ 사진은 순간적이고 우연적이다. 카메라는 굉장히 빠른 속도로 피사체를 담을 수 있다. 따라서 사진은 우연히 무엇인가를 담거나, 또는 순간적으로 지나간 무엇인가를 담을 수 있다.

④ 사진은 기록의 매체이다. 따라서 한 장 한 장의 사진은 그 시대의 기록이 되고 있다. 그러므로 사진은 역사적으로 중요한 자료로서의 역할도 함께 한다.

⑤ 사진은 진실하다. 즉, 사진은 있는 그대로를 기록하기 때문에, 사진은 사실을 기록하고 있다. 따라서 여러 말로 설명하기보다 사진(또는 영상)을 찍어서 보여 준다면, 사진을 증거로서 매우 잘 활용할 수 있다. 차량에 장착되어 있는 블랙박스나 건물의 CCTV로 범인을 잡는 것은, 사진의 이런 특징을 보여 주는 좋은 예이다.

3) 사진의 역사

사진은 1839년에 프랑스의 작가 다게르에 의해 탄생되었다. 구체적으로 사진의 역사는 다게레오 타입(Daguerreo type)이라고 불리는 카메라를 처음으로 발명하면서 시작되었다. 카메라의 발명으로 인해 미술계는 사실 묘사를 대체할 새로운 매체를 만나게 되었고, 그 결과로 엄청난 변화를 겪게 되었다. 그리고 그 후에 시대별로 새로운 미술기법이 탄생하였고, 현대에 들어서는 사진을 활용한 수많은 작업들이 등장하고 있다. 또한 사진을 발명한 이후에 영상이 발명됨에 따라서, 사진은 현대사회에서도 막강한 힘을 발휘하고 있다(노대겸, 2015).

그리고 현대사회에서 사진기술이 더욱더 발달함에 따라서, 예전에 필름을 이용하는 방식은 디지털 방식으로 바뀌었다(김문정 외, 2009). 그러다가 이제는 방송, 인터넷, 영화, 심지어 핸드폰 등으로 누구든 사진을 제작하고 배포할 수 있는 시대가 되었다.

3. 사진치료의 개념과 목적

1) 사진치료의 개념

사진치료는 예술치료의 한 형태이다. 구체적으로 사진치료는 사진매체를 사용해 내담자의 정신건강을 도와주는 심리치료라고 볼 수 있다.

그동안 일부 학자들은 사진치료에 대해 정의해 왔다. 일부 학자들이 사진치료에 대해 정의한 것을 살펴보면 다음과 같다(Malchiodi, 2012; 조진호, 2011).

① 크라우스(Krauss)는 사진의 개척자들 가운데 대표적인 인물이다. 크라우스에 따르면, 사진치료는 사진이 가진 이미지와 사진을 창작하는 과정을 조직적으로 응용해 내담자의 생각과 행동을 긍정적으로 변화시키고자 하는 것을 말한다.

② 와이저(Weiser)에 따르면, 사진치료는 인간의 개인적 스냅사진, 가족 앨범, 다른 사람이 찍은 사진을 이용하는 치료적 실천(therapeutic practice)을 말한다.

그러므로 일반적으로 사진치료는 내담자에 대한 심리치료나 기타 치료활동의 한 요소로 사진을 사용하는 것을 말한다(Weiser & Krauss, 2009).

2) 사진치료의 목적

사진치료에서는 여러 가지 목적을 추구하고 있다. 그러나 일반적으로 사진치료는 다음과 같은 목적을 가지고 있다(안미라, 2011).

① 사진이 가지는 이미지와 사진을 창작하는 과정을 조직적으로 이용해, 내담자의 생각과 행동을 긍정적으로 변화시킨다.

② 사진을 창작하는 활동이나 사진을 감상함으로써, 내담자의 상처를 치유한다.

4. 사진치료의 역사

사진치료의 경우, 미술치료나 음악치료와 같은 분야의 예술치료만큼 대중적으로 활용되고 있지는 않다. 따라서 사진치료는 심리치료의 한 분야로서 체계화되어 있지는 않은 편이다. 그런 탓에 최근까지만 해도, 예술치료에 관한 문헌에서는 사진에 대해 크게 관심을 가지지 않았다(Malchiodi, 2012; 조진호, 2011).

그러나 여러 사람들은 사진치료를 오래 전부터 활용하고 있었다. 무엇보다도 예전부터 정신의학자들은 사진매체를 활용하는 방법을 사용하였는데, 치료방법으로서 사진 이미지를 사용하였다. 이것은 사진치료에 해당된다고 볼 수 있다(조진호, 2011).

사진치료가 발달한 역사는 사진의 대중화와 맞물려 있다.

5. 사진치료의 특징

1) 사진치료의 일반적 특징

사진치료의 특징은 사진의 특징과 밀접하게 관련되어 있다. 사진치료가 가지는 특징을 몇 가지 제시하면 다음과 같다(노대겸, 2015).

① 사진 작업에서는 생성하고 공유하는 과정이 손쉽다. 따라서 사진치료에서 사진을 일상적으로 사용하고 이해하고 표현함으로써, 사진치료는 의사소통을 지원하고 있다. 그리고 이와 더불어 사진치료는 소통하는 방식 자체에 변화를 가져오기도 한다. 왜냐하면 문자화된 언어에 비해서, 사진에서는 더 손쉽게 자신을 드러낼 수 있고, 또한 더 자유로운 해석을 할 수 있기 때문이다. 사진에서는 이미지 언어 속에 들어 있는 개인적 표현과 읽기를 최대로 늘릴 수 있고, 자신의 입장에서 상상적인 재구성을 할 수 있다. 이런 측면에서 볼 때, 사진치료는 주체적이고 개방적이다.

② 사진을 찍는 것은 간편하다. 사진의 이런 특성은 언어 표현이 어려운 내담자

를 대상으로 하는 사진치료에 유용하게 적용될 수 있다. 예를 들어, 사진 작업을 통해서 아동에게 자신이 관심을 가지는 대상과 주제를 표현하게 함으로써, 아동의 동기를 유발시키고 심리적으로 치료할 수 있다.

③ 사진활동은 심리적 부담이 적다. 일반적으로 예술치료는 내담자가 창작을 하여야 한다는 부담을 줄 수도 있다. 예술치료의 이런 특성은 수동성이 강한 내담자에게는 특히 부담을 줄 수 있다. 그러나 사진치료에서는 내담자가 이와 같은 부담을 갖지 않을 수 있다.

2) 사진치료와 미술치료의 유사점과 차이점

사진치료와 미술치료 사이에는 유사한 점도 있고 차이가 나는 점도 있다. 사진치료와 미술치료 사이의 유사점과 차이점을 살펴보면, 사진치료의 고유한 특징을 더 잘 알 수 있다.

우선, 사진치료는 시각적 방법에 의한 치료이다. 사진이나 그림은 교육현장에서 언어적 표현이 가지는 한계를 넘어서 세상을 폭넓게 보게 하고 세상을 연결시키는 역할을 할 수 있다. 그리고 그동안 사진은 끊임없이 회화와 관련해 표현되어 왔다. 따라서 이런 점에서 사진치료는 미술치료와 매우 밀접하게 관련되어 있다. 미술치료와 사진치료의 경우, 창작하거나 보는 과정을 통해서 치료사가 내담자의 증상을 진단하고, 이와 동시에 내담자도 자신의 증상을 인식하면서 치료하는 방식을 사용하고 있다(홍미선, 2011; 권효숙, 2011).

그러므로 사진치료와 미술치료에서 내담자가 반응하는 바는 서로 다를 수 있지만, 사진치료와 미술치료는 서로 배타적인 영역이 아니라고 볼 수 있다(Malchiodi, 2012).

그러나 사진치료와 미술치료 사이에는 차이점도 존재한다. 사진은 문명의 산물인 기계(사진기)에 의해 나타난 결과물이다. 하지만 회화는 인간의 감성을 표현한 작품이다. 이런 점에서 사진과 회화는 크나큰 차이점이 있다(홍미선, 2011). 그리고 이런 탓에, 사진치료와 미술치료는 서로 차이가 나고 있다.

구체적으로 사진치료와 미술치료는 다음과 같은 점에서 서로 차이가 나고 있다

(강희숙 · 황상희 · 진관훈 · 문영주, 2009).

① 미술치료에서는 인간의 내면에 있는 무의식과 정신세계를 미술이라는 작품을 통해 구체적인 모습으로 표현하고 있다. 그러나 사진치료에서는 외면에 있는 이미지를 분석해서 무의식 속에 있는 내부적 문제를 이끌어 내고 있다.

② 미술을 통한 자기 표현은 그 상징이 매우 개인적이다. 따라서 미술치료에서는 내담자에게 이미지가 의미하는 바를 해석하도록 하는 것이 쉽지 않다. 그러나 사진은 구체화된 이미지에서 의미를 찾아내고 설명하고 있다. 따라서 사진치료에서는 미술치료에서보다 더 쉽게 해석할 수 있다.

6. 사진치료의 효과

사진치료에서는 사진을 통해 내담자의 내면에 있는 심리적 문제 등을 자연스럽게 내담자로 하여금 이야기하게 할 수 있다. 따라서 사진치료에서는 사진으로 자기 내부를 설명하며 상호작용함으로써, 내담자를 치료하는 효과를 얻을 수 있다.

그러므로 사진치료를 활용한 프로그램에서는 사진치료가 자아존중감이나 자아 관련 정신건강을 향상시키는 것으로 나타나고 있다. 이런 예를 몇 가지 제시하면 다음과 같다(강희숙 외, 2009; 최정화, 2008; 김민화 · 김준형, 2013; 노대겸, 2015).

① 가정폭력에 노출된 아동을 대상으로 사진치료 프로그램을 실시한 결과, 내담자는 자기가 경험한 것을 자연스럽게 표현할 수 있었고, 또한 자신이 현재 느끼는 감정을 잘 표현할 수 있는 것으로 나타났다.

② 방과 후 학교를 이용하는 취약아동을 대상으로 사진치료를 실시한 결과, 사진치료는 취약아동의 자아존중감을 향상시키는 것으로 나타났다.

③ 청소년을 대상으로 사진치료를 실시한 결과, 사진치료는 청소년의 자아존중감을 향상시키는 것으로 나타났다.

④ 사진치료를 대학생에게 실시한 결과, 사진치료 프로그램은 대학생의 자기의식을 증진하는 데 영향을 미치는 것으로 나타났다.

CHAPTER 29

사진치료의 기법

사진치료의 기법에는 여러 가지가 있다. 그러나 미술치료에 비해서, 사진치료의 기법은 체계적으로 정리되어 있지 않은 편이다. 사진치료와 관련된 기법을 몇 가지 소개하면 다음과 같다.

1. 포토인터뷰

포토인터뷰(photo interview)는 내부자의 관점을 좀 더 심층적으로 이해하고자 하는 목적에서 등장하였다. 포토인터뷰는 말 그대로 인터뷰의 한 방법이다. 포토인터뷰는 사진을 통한 이야기 전달방법을 말한다.

포토인터뷰는 사진에 대한 성찰을 스토리텔링이나 주제와 관련된 논의를 더 잘하기 위한 도구로 삼음으로써, 개인적이고 집합적인 경험을 확인하고 내담자가 가지고 있는 자기 이미지를 확인하는 데 도움을 줄 수 있다(권효숙, 2011).

그리고 포토인터뷰는 사진을 매개로 해서 개인적 관심거리와 문제를 반영하도록 하는 연구의 한 방법이 될 수 있다(강희숙 등, 2009). 이 경우, 이런 방법을 사회문제와 관련해 다음과 같이 활용할 수 있다.

① 사회문제와 관련된 주제를 정한다.

② 내담자에게 각자가 경험한 것을 사진으로 찍게 한다.

③ 찍어온 사진들을 서로 제시한 후에, 토론을 통해 사회문제를 해결하는 방법을 찾아본다.

2. 투사적 기법

미술치료에서와 마찬가지로, 사진치료에서도 여러 가지 투사적 기법을 활용하고 있다. 사진을 활용하는 투사적 기법을 몇 가지 제시하면 다음과 같다(홍미선, 2011).

1) 가리기 부분화 기법

가리기 부분화(cover-up/partializing) 기법은 감정을 초점화하여 드러내는 작업을 하기 위한 기법이다. 이 기법에서는, 조그만 정사각형 모양의 네모 구멍(1cm)이 뚫려 있는 흰 종이를 사진 위에 겹쳐서 움직여 봄으로써, 사진을 부분적으로 볼 수 있게 한다. 이 경우, 사진의 이곳저곳을 이런 식으로 옮겨 가다 보면, 어느 부분에서 내담자를 크게 자극하는 감정이 나타나게 된다.

이 기법을 통해, 내담자는 결정적으로 중요한 사진의 부분(즉, 감정이 가장 실려 있는 부분)을 파악할 수 있게 된다.

2) 자기-타자 투사적 분석법

자기-타자 투사적 분석법(self-other projective analysis)은 자신과 타인을 투사해보는 기법을 말한다. 이 기법에서는 사진의 매수를 제한하는 것이 바람직하다.

파트너와 함께 활용하는 이런 기법의 예를 제시하면 다음과 같다.

① 내담자에게 몇 장의 사진 중에서 자신을 간접적으로 보여 주는 자화상적인 사진이나 가장 싫어하고 마음에 들지 않는 사진을 선택하게 한다.

② 내담자의 상대편 파트너가 서로 어떤 사진을 선택하였는지 추측하게 한다. 이 경우, 파트너가 선택한 사진의 번호나 내용을 다른 사람은 보지 못하게 한다.

③ 서로의 답을 공개하게 한다. 서로가 서로의 답을 맞추지 못했다면, 왜 그런지를 서로 토론하게 한다. 이 경우, 답이 중요한 것이 아니라, 내담자가 서로에 대해 가지는 기대와 편견을 드러나게 해 그 차이를 깨닫고, 대인관계나 가족

관계에서 파트너에게 관심을 가지게 하는 것이 중요하다.

3) 사진을 통해 대화하기 기법

사진을 통해 대화하기(conversation through pictures) 기법은 내담자가 말하기 어려워하거나 고통스러워 할 때에, 간접적인 방법으로 내담자의 마음을 탐색할 수 있는 기법이다. 사진치료에서 지시하는 성격의 질문을 하면, 내담자는 위협감을 느끼거나 자신의 사적 영역을 침범받았다고 느낄 수 있다. 이런 상황에서는 이 기법을 유용하게 사용할 수 있다.

이 기법에서 내담자는 자신의 사진에 대해 이야기하고, 사진에게 말을 걸어보며, 사진과 동등한 존재로서 사진과 자신이 번갈아 나누는 대화를 만들어 볼 수 있다.

3. 간단한 사진치료 기법

핸드폰이나 디지털 카메라를 통해서 내담자가 자신을 돌아보게 하는 기법으로 다음과 같은 것이 있다(노대겸, 2015).

1) 사진으로 자화상 표현하기 기법

(1) 개관

사진으로 자화상 표현하기 기법은 내담자의 감정이 담긴 얼굴 사진을 찍어 보는 기법을 말한다. 셀프카메라로 사진을 찍거나 거울을 통해 자신을 찍을 경우에는 상이 반대로 비추어 보인다. 그러나 누군가가 찍어준 자화상 사진은 자신의 모습을 그대로 보여 주기 때문에, 이런 자화상을 통해 내담자는 있는 그대로의 모습을 볼 수 있게 된다. 따라서 사진으로 찍은 자화상 사진을 바라보면서 자신을 직면함으로써, 내담자는 스스로를 깨닫고 자기 반성을 할 수 있게 된다.

(2) 준비물

사진으로 자화상 표현하기 기법을 활용하기 위해서는 다음과 같은 것이 필요하다.

- 핸드폰 또는 사진기
- A4 용지

(3) 실시방법

사진으로 자화상 표현하기 기법은 다음과 같은 순서로 진행된다.

① 사진치료사나 다른 사람이 내담자의 얼굴 중에서 감정이 담긴 얼굴을 찍는다.

② 사진을 종이에 출력한 후, 내담자와 자화상에 대한 느낌을 이야기한다.

(4) 사례

그림 29-1 은 사진으로 자화상 표현하기 기법을 활용하는 모습을 보여 준다.

그림 29-1 사진으로 자화상 표현하기 기법을 활용하는 모습

2) 사진 찍고 말풍선 붙이기 기법

(1) 개관

사진 찍고 말풍선 붙이기 기법은 다양한 각도에서 자신의 사진을 찍어 본 후에 말풍선을 만들어 느낌을 표현하는 기법을 말한다. 사진 찍고 말풍선 붙이기 기법의 경우, 내담자가 자신의 사진에게 말을 걸어보고 대답하는 과정에서 자신의 문제가 자신에게 있는 것은 아닌지를 생각하는 기회를 제공하고 있다. 이렇게 함으로써, 내담자는 자신을 파악하고 자신을 가치 있는 존재로 인식할 수 있게 된다.

(2) 준비물

사진 찍고 말풍선 붙이기 기법을 활용하기 위해서는 다음과 같은 것이 필요하다.

- 사진기
- A4 용지

(3) 실시방법

사진 찍고 말풍선 붙이기 기법은 다음과 같은 순서로 진행된다.

① 사진치료사나 다른 사람이 내담자의 사진을 여러 각도에서 찍는다.
② 사진을 종이에 출력한 후, 빈 공간에 말풍선을 만든다.
③ 내담자의 느낌을 말풍선에 단어나 문장으로 써 넣게 한다.

(4) 사례

그림 29-2는 사진 찍고 말풍선 붙이기 기법을 활용한 예를 보여 준다.

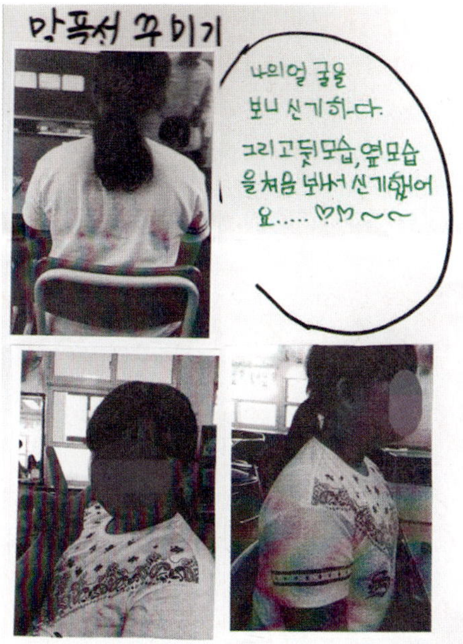

그림 29-2 사진 찍고 말풍선 붙이기 기법을 활용한 예

3) 가족사진을 통해 자신이 좋아하는 · 싫어하는 사람 표현하기 기법

(1) 개관

가족사진을 통해 자신이 좋아하는 · 싫어하는 사람 표현하기 기법은 가족사진에서 자신이 좋아하는 가족구성원과 싫어하는 가족구성원을 잘라 붙이는 기법을 말한다. 이 기법을 통해 자신이 좋아하는 가족구성원과 싫어하는 가족구성원을 파악함으로써, 가족 내에서 내담자의 자아가 강화될 수 있고 또한 내담자의 가족관계를 알 수 있게 된다.

(2) 준비물

가족사진을 통해 자신이 좋아하는 · 싫어하는 사람 표현하기 기법을 활용하기 위해서는 다음과 같은 것이 필요하다.

- 가족사진
- A4 용지

(3) 실시방법

가족사진을 통해 자신이 좋아하는 · 싫어하는 사람 표현하기 기법은 다음과 같은 순서로 진행된다.

① 준비된 가족사진들 중에서 내담자가 좋아하는 사람과 싫어하는 사람을 잘라서 붙이게 한다. 만약 내담자가 가족사진을 준비하지 못하였을 경우, 신문이나 잡지에 있는 가족사진을 이용한다.

② 해당 가족구성원을 좋아하는(또는 싫어하는) 사람으로 선택한 이유를 써보게 한다.

(4) 사례

그림 29-3은 가족사진을 통해 자신이 좋아하는 · 싫어하는 사람 표현하기 기법을 활용한 예를 보여 준다.

그림 29-3 가족사진을 통해 자신이 좋아하는 · 싫어하는 사람 표현하기 기법을 활용한 예

참고문헌

강희숙 · 황상희 · 진관훈 · 문영주. 2009. "가정폭력노출아동의 사진활동작업 경험". 『한국가족복지학』 4: 121-146.

권효숙. 2011. "다문화적 소통을 위한 사진활용의 가능성 탐색". 『열린교육연구』 19(3): 227-247.

김말숙. 2007. 『새롭게 보는 미술치료』. 서울: 교육과학사.

김문정 · 신수진 · 양종훈. 2009. "자아존중감 향상을 위한 사진교육 프로그램 개발 - 시각장애인 체험사례를 중심으로". 『한국사진학회지』 20: 83-93.

김민화 · 김준형. 2013. "사진치료 프로그램이 대학생의 자기의식과 삶의 목적수준에 미치는 영향". 『인간발달연구』 20(3): 39-55.

김정임 · 최군성 · 김정숙 · 조우성. 2014. 『사진』. 서울: 서울특별시교육청.

김정희. 2011. "집단미술치료 프로그램 참여가 저소득층 한부모가족 아동의 자아존중감 및 또래관계에 미치는 효과". 『한국생활과학회지』 20(5): 967-981.

김현숙 · 방순영 · 백정희. 1984. "시냇물을 까맣게 그리는 아이들 - 가난, 좌절, 꿈의 땅 황지". 『르뽀문학』 1권: 330-339.

노대겸. 2015. 사진치료가 취약아동의 자아존중감에 미치는 영향. 대전대학교 사회복지대학원 석사학위논문.

노병일. 2016a. 『사회보장론(제3판)』. 파주: 공동체.

노병일. 2016b. 『아동복지론(제4판)』. 파주: 공동체.

노병일. 2017. 『현대 사회복지의 이해』. 파주: 양서원.

노병일 · 전영신. 2000. "취약아동을 위한 미술 활동의 활용". 『사회과학논문집』 19(2): 311-322.

류지은 · 신지현. 2010. "심리적 불안을 가진 결혼적령기 미혼여성의 미술치료 사례연구". 『미술치료연구』 17(2): 319-337.

박광수. 2005. 『손으로 색으로 치유한다』. 서울: 정신세계사.

박승숙. 2013. "저소득층 아동의 자아존중감 증진을 위한 집단미술치료 – 한국JP모간 사회공헌 프로그램을 중심으로". 『한국예술연구』 제8호: 59-110.

신동열 · 한상희. 2016. 『상담 · 심리치료장면에서 쓴 미술심리치료: 이론과 실제』. 파주: 양서원.

안미라. 2011. "필름카메라를 이용한 사진치료활동이 지적장애아동의 자아존중감에 미치는 영향". 『놀이치료연구』 15(2): 131-145.

이경률 · 공주희. 2010. "사진 이미지 리터러시 교육의 필요성과 가능성: 유아교육 현장에서 사진의 교육적 효과를 중심으로". 『한국사진학회지』 23: 6-15.

오종은. 2005. "아동의 발달을 위한 미술치료". 한국심성교육개발원(편) 『미술치료의 이론과 실제』 189-196쪽

옥금자. 2007a. 『청소년 임상미술치료방법론』. 서울: 하나의학사.

옥금자. 2007b. 『집단미술치료방법론 I: 이론과 실제』. 서울: 하나의학사.

옥금자. 2007c. 『미술치료 평가방법의 이론과 실제』. 서울: 하나의학사.

위키백과. 2017. "대체의학." https://ko.wikipedia.org/wiki/.

이희경. 1993. 『마음속의 그림책』. 서울: 미래 M&B.

장은경. 2009. "미술치료에서의 풍경구성법의 효용성". 『한국예술치료학회지』 9(1): 287-298.

전영신. 1994. 콜라주 기법의 응용을 통한 미술수업의 연구. 한국교원대학교 대학원 석사학위논문.

전영신. 2015. 정신분석 집단미술치료가 취약아동의 자아존중감에 미치는 영향에 관한 연구. 대전대학교 대학원 박사학위논문.

전영신 · 노병일. 2000. "미술교육의 아동복지관련 효율성". 『미술교육논총』 10권: 163-185.

정여주. 1997. "심리적 재활에 있어서 미술치료법의 이온 및 적용효과: C. G. Jung의 심리적 관점에서". 한국재활심리학회 『연차학술발표대회자료집』 39-51.

정현희. 2006. 『실제 적용 중심의 미술 치료』. 서울: 학지사.

차현희. 2010. "풍경구성법(LMT: Landscape Montage Technique)에 나타난 알코올 중독자와 일반인의 반응특성 연구". 『한국예술치료학회지』 1: 1-36.

최상국. 1993. "여학생 비행의 발생원인과 집단 상담사례 연구". 『동부아동상담소 상담사례 연구집』 4호: 87-100.

최정화. 2008. "사진활동 집단상담 프로그램이 중학생의 자아존중감에 미치는 영향". 『상담심리 연구』 8(1): 91-113.

홍미선. 2011. 투사적 기법을 중심으로 한 사진치료연구. 경성대학교 대학원 석사학위논문.

American Art Therapy Association. 1998. "AATA Facts: Frequently Asked Questions." www.arttherapy.org.

Bader, Claudia(김진숙 역). 2010. 『색, 형태 그리고 만다라』(한국표현예술심리치료협회 창립11주년 기념 국제학술대회 자료집). 서울: KEAPA PRESS.

Beaty, J. J. 1999. *Prosocial Guidance for Preschool Child*. Upper Saddle River, NJ: Prentice-Hall.

Brandler, S. and C. P. Roman. 1991. *Groupwork: Skills and Strategies for Effective Interventions*. Binghamton, NY: Haworth.

Bright Side. 2017. "This Draw-a-Person-in-the-Rain Test Will Reveal Your True Self." https://brightside.me/wonder-quizzes/this-draw-a-person-in-the-rain-test-will-reveal-your-true-self-271710/.

British Association of Art Therapists. n.d. *What Is Art Therapy?* London: British Association of Art Therapists.

Brooke, Stephanie L. 2004. *Tools of the Trade: A Therapist's Guide to Art Therapy Assessments*. Springfield, IL: Charles C. Thomas.

Brookes, M. 1986. *Drawing with Children*. Los Angeles, CA: Jeremy P. Teacher Inc.

Brown, D. 1997. *Principles of Art Therapies*. London: Thorsons.

Chegg Study. 2017. "Psychodynamic Theory." http://www.chegg.com/homework-help/definitions/psychodynamic-theory-13.

DeVore, J. 1998. "Milissa Hicks - Art Therapist." *School Art* February: 42-43.

Dumitrana, Magdalena. 2008. "Star-wave Test - a Multifunctional Psycho-pedagogical Instrument." 47(5): 78-82.

Fahmy, Ali. 2011. "Figure Drawings." In *Encyclopedia of Mental Disorders*.

Ford-Martin, Paula. 2005. "Art Therapy." In *Gale Encyclopedia of Alternative Medicine*.

Fox, E. and S. Berry. 1999. "Art in Early Childhood: Curriculum Connections." www.earlychildhood.com.

Gonzalez-Jensen, M. and D. Gara-Weiner. 2000. "Using Art to Teach Language." *School Art* April: 56-57.

Hacking, Sue, Jenny Secker, Lyn Kent, Jo Shenton, and Helen Spandler. 2006. "Mental Health and Arts Participation: The State of the Art in England." *The Journal of the Royal Society for the Promotion of Health* 126(3): 121-127.

Isaksson, Cristine, Ann-Katrin Norlen, Birgitta Englund, and Rafael Lindqvist. 2009. "Changes in Self-Image As Seen in Tree Paintings." *The Arts in Psychotherapy* 36: 304-312.

Kim, Sunhee. 2009. "Art Therapy Development in Korea: The Current Climate." *The Arts in Psychotherapy* 36(1): 1-4.

Landy, R. 1998. "Establishing a Model of Communication between Artist and Creative Arts Therapists." *The Arts in Psychotherapy* 25(5): 299-302.

Lowenfeld, Viktor and W. L. Brittain. 1982. *Creative and Mental Growth* (7th ed). New York: MacMillan.

Malchiodi, Cathy. A. 1998. *The Art Therapy Sourcebook*. Lincolnwood, IL: Lowell House.

Malchiodi, Cathy. A. and F. L. Coolidge. 2000. "Art Therapy." In Volume 1 of *Encyclopedia of Psychology*, edited by A. E. Kazdin. Washington D.C. and New York: American Psychological Association and Oxford Univ. Press.

Malchiodi, Cathy A. 2003. "Psychoanalytic, Analytic, and Object Relations Approaches." In *Handbook of Art Therapy*, edited by C. A. Malchiodi. New York: Guilford Press.

Malchiodi, Cathy A. 2012. "Art Therapy Materials, Media, and Methods." In *Handbook of Art Therapy* (2nd ed), edited by Cathy A. Malchiodi. New York: Guilford Press.

McFee, J. K. and R. M. Degge. 1980. *Art, Culture, and Environment: A Catalyst for Teaching*. New York: Wadsworth Publishing.

Milne, L. C. and P. Greenway. 1999. "Color in Children's Drawings: The Influence of Age and Gender." *The Arts in Psychotherapy* 26(4): 261-263.

Moran, T. M. 1999. "Dreams for the New Millenium." *School Art* January: 10-11.

Paul Getty Trust. 1999. "Arts Education for a Changing World." www.artsednet.getty.edu.

Psychologist World. 2017. "Erikson's Stages of Human Development." https://www.psychologistworld.com/behavior/erikson.php.

Rober, Peter. 2009. "Relational Drawings in Couple Therapy." *Family Process* 48(1): 117-133.

Rodriguez, B. 1999. "It Lets the Sad Out: Using Children's Art to Express Emotions." www.earlychildhood.com.

Roivainen, Eka. 2009. "A Brief History of the Wartegg Drawing Test." *Gestalt Theory* 31(1): 55-71.

Scott, Elizabeth. 2007. "Art Therapy: Relieve Stress By Being Creative - Do-It-Yourself Art Therapy." http://stress.about.com/od/funandgames/a/learningtodraw.htm.

Seidel. K. 1996. "How the Arts Contribute to Education: An Evaluation of Research." Association for the Advancement of Arts Education.

Serlin, Ilene A. 2007. "The Arts Therapies: Whole Person Integrative Approaches to Healthcare." *The California Psychologist: Psychology and the Arts* 40(6).

Shambaugh, M. B. 1996. "Home is…" *School Art* May: 12-13.

Silver, Rawley. 1988. "Screening Children and Adolescents for Depression through Draw-A-Story." *American Journal of Art Therapy* 26: 119-124.

Stuckey, Heather L. and Jeremy Nobel. 2010. "The Connection Between Art, Healing, and Public Health: A Review of Current Literature." *American Journal of Public Health* 100(2): 254-263.

Ulman, E. 1992. "Art Education for the Emotionally Disabled." *American Journal of Art Therapy* 30(3): 101-104.

Vick, Randy M. 2003. "A Brief History of Art Therapy." In *Handbook of Art Therapy*, edited by Cathy A. Malchiodi. New York: Guilford Press.

Victim Services. n.d. "Children's Art Gallery." www.dvsheltertour.org.

Weiser, Judy and David Krauss. 2009. "Picturing Phototherapy and Therapeutic Photography: Commentary on Articles Arising from the 2008 International Conference in Finland." *European Journal of Psychotherapy and Counselling* 11(1): 77-99.

Wikipedia. 2017a. "Carl Jung." https://en.wikipedia.org/wiki/Carl_Jung.

Wikipedia. 2017b. "Alternative Medicine." https://en.wikipedia.org/wiki/Alternative_medicine.

Wikipedia. 2017c. "Mandala." http://en.wikipedia.org/wiki/Mandala.

Wikipedia. 2017d. "Collage." https://en.wikipedia.org/wiki/Collage#Photomontage.

Wadeson, H. 1987. *The Dynamics of Art Psychotherapy*. New York: John Wiley.

부록 I. 초기면담 기록지(아동과 초기 청소년용: 부모가 직접 기록)

1. 접수번호:

2. 접 수 일:

3. 클라이언트의 인적 사항

<table>
<tr><td>이 름</td><td></td><td>성 별</td><td></td><td>생년월일</td><td colspan="2"></td></tr>
<tr><td rowspan="2">학 교</td><td rowspan="2"></td><td rowspan="2">종 교</td><td rowspan="2"></td><td rowspan="2">치료기관</td><td>기관명</td><td></td></tr>
<tr><td>전 화</td><td></td></tr>
<tr><td>주소/전화</td><td colspan="6"></td></tr>
</table>

4. 접수 전의 상담 · 치료 상황

나 이	기관명	진 단	교육 · 치료 내용	기 간

5. 방문하게 된 주요 문제점(어려움의 순서대로 적음)

6. 성장과 발달

1) 결혼

(1) 언제 :

(2) 결혼계기(중매, 연애, 기타)와 교제기간:

(3) 현재의 부부관계:

2) 임신 중일 경우

(1) 복용한 약 :

(2) 임신 중의 질병 :

(3) 심리상태 :

(4) 부모의 반응 :

3) 출생

(1) 산모의 나이 :

(2) 분만상태(순산, 난산, 제왕절개) :

(3) 출생 시 체중 :

4) 수유와 식사

(1) 수유방법(모유, 우유, 모유+우유) :

(2) 3살 이전의 식습관(편식 여부, 식사태도) :

(3) 3살 이후의 식습관(편식 여부, 식사태도) :

5) 대소변 훈련

(1) 대변 훈련을 시작한 시기(몇 개월) :

(2) 소변 훈련을 시작한 시기(몇 개월) :

6) 수면과 활동

(1) 잠버릇 :

(2) 현재 함께 자는 사람 :

(3) 3살 이후의 활동량(적음, 보통, 많음) :

7) 현재의 건강 정도

7. 발달과정

1) 신체적 발달 :

2) 언어 · 인지적 발달 :

3) 사회적 발달 :

4) 정서적 발달 :

8. 가족이 생각하는 문제 유발요인과 양육상의 특기사항

1) 0~1살 :

2) 1~3살 :

3) 3살~학령기 이전 :

4) 학령기 :

9. 자라면서 형성된 성격과 장점

10. 학교 상황

	나 이	입학 시 반응	교우관계	잘하는 과목과 못하는 과목	교사 의견	특성이나 기타 문제점
유치원						
초등학교						
중학교						

11. 가족 상황

	아버지	어머니	형제 · 자매와 동거가족			
이름						
나이						
학력과 전공						
직업과 직책						
월수입						
종교						
성격						
병력						
기타						

12. 치료에 대한 가족의 기대

1) 가족이 생각하는 자녀의 주요 문제

2) 필요한 도움(중요한 것부터 순서대로 적음)

3) 앞으로의 계획과 희망사항

13. 전체적인 요약(치료자가 적을 것)

14. 초기 계획

15. 면담 일시:

면담기록자:

[출처: 옥금자(2007a: 357-366)의 일부를 저자가 다시 정리]

부록 Ⅱ. 초기면담 기록지(성인용)

1. 접수번호:

2. 접 수 일:

3. 내담자의 사항

이 름		성 별		나 이	
결혼상태		종 교		학 력	
직 업					
주 소				전 화	

4. 접수 전의 상담 · 치료 상황

나 이	기관명	진 단	상담 · 치료 내용	기 간

5. 가족 상황

1) 가계도 그려보기

2) 가족 사항

	본 인	아버지	어머니			
이 름						
나 이						
학력과 전공						
직업과 직책						
월수입						
종 교						
성 격						
병 력						
기 타						

6. 방문하게 된 주요 문제점(어려움의 순서대로 적음)

• [미술치료사 기재 사항]

1. 개인력

   1) 유아기(0~3살)

   2) 유치원시기 전후

   3) 초등학교시기

   4) 청소년시기

   5) 성인기

2. 평가 및 문제

3. 미술치료사의 초기 계획

4. 면담 일시 :

   면담기록자 :

[출처: 옥금자(2007a: 357-366)의 일부를 저자가 다시 정리]

부록 Ⅲ. 노인복지회관에서의 미술치료 프로그램(예)

회기	주 제	내 용	목 표	준비물
1	• 오리엔테이션 • 자기 소개	• 뽕뽕이로 자기 소개	• 자기 인식 • 친밀감 형성	뽕뽕이, 접착제, 도화지, 크레파스
2	• 이름표 작업	• 이름표 만들고 표현하기	• 라포 형성 • 긴장 완화	A4용지, 크레파스, 색연필
3	• 천사점토 작업	• 점토의 촉감을 느껴보고 떠오르는 것 만들기 • 점토로 다양한 모형 만들기	• 소근육 운동 • 집중력 향상	천사점토, 조각도구
4	• 색습자지 작업	• 색습자지를 만져보고 느낌을 이야기하기 • 머리끈 곶아보기 • 꽃 만들기	• 오감 느끼기 • 회상 · 작업 • 소근육 운동	색습자지, 풀, 가위
5	• 골무 작업	• 석고붕대로 엄지손가락을 본뜨고 꾸며주기	• 자기 이해 • 회상 작업	석고붕대, 물감, 장식도구, 손톱 매니큐어, 반지
6	• 나의 고향 작업	• 고향풍경의 그림을 보고 자기 고향을 콜라주하기	• 과거 회상 • 자아존중감 증진	도화지, 물감, 헌 잡지, 접착도구
7	• 만다라 모형 색칠 작업	• 여러 도안 중 한 가지 선택해 느낌대로 색칠하기 • 상징과 의미를 이야기하기	• 자아 통합 • 집중력과 정서안정 증진	만다라 밑그림, 크레파스, 명상음악
8	• 곡물 모자이크 콜라주 작업	• 곡식을 이용한 상징 모자이크 만들기	• 감정 표현 • 소근육 운동 • 인지기능 유지	여러 색의 곡식, 연필, 마닐라지, 접착제, 면봉
9	• 집단미술 작업	• 사포에 그림을 그린 후에 분할해 나눠가진 후 다시 완성하기	• 인지기능 유지 • 집단 응집력	사포, 크레파스, 테이프
10	• 송편 작업	• 쌀가루를 반죽해 고명을 넣어 송편 만들기 • 파티하기	• 과거 회상 • 소근육 운동 • 자아 강화	쌀가루, 고명, 찜기, 음료수
11	• 오재미 작업	• 곡식과 천을 이용한 오재미 만들고 놀이하기	• 과거 회상 • 전신운동	천조각, 실, 바늘, 콩이나 쌀
12	• 채소밭 콜라주 작업	• 그림으로 밭꾸미기	• 자아존중감 증진 • 생명 존중	도화지, 크레파스, 모래, 풀, 새싹, 채소사진
13	• 색색이 목걸이 작업 • 사진촬영	• 색종이로 끈을 만들어 목걸이 장식한 후에 사진 찍기	• 과거 회상 • 소근육 운동 • 자기 인식	양면색종이, 풀, 테이프, 사진기

회기	주 제	내 용	목 표	준비물
14	• 가족 인식	• 가족을 떠올리며 도형으로 표현하고 이야기 나누기	• 가족관계 인식 • 회상 • 기억 유지	도화지, 크레파스, 색연필
15	• 액자 작업	• 13회기에서 찍은 본인사진을 이용해 액자 장식하기	• 자기 인식 • 자아 강화	본인 사진, 액자, 아이클레이
16	• 소망의 병 작업 • 분리 • 개별화의 나눔	• 소망의 병 만들기 • 느낌 나누기 • 송별 다과	• 자아 강화 • 자기 인식	유리병, 소금, 파스텔, 가위, 메모지, 다과

[출처: 저자 작성]

부록Ⅳ. 개별(개인)미술치료 과정 기록지

<table>
<tr><td>이 름</td><td colspan="2"></td><td>나이</td><td></td><td>성 별</td><td></td><td>일시(회기)</td><td></td></tr>
<tr><td>목 표</td><td colspan="6"></td><td>준비물</td><td></td></tr>
<tr><td>주제 및 방법</td><td colspan="8"></td></tr>
<tr><td>개입 전의 특성</td><td colspan="8"></td></tr>
<tr><td>과 정</td><td colspan="8"></td></tr>
<tr><td rowspan="2">평가 및 계획</td><td>회 기 평 가</td><td colspan="7"></td></tr>
<tr><td>다음 회기 계획</td><td colspan="7"></td></tr>
<tr><td>미술치료사</td><td colspan="8"></td></tr>
</table>

[출처: 옥금자(2007a: 380)를 참고로 해서 저자가 다시 작성]

부록 V. 집단미술치료 과정 기록지

<table>
<tr><td>집단명</td><td></td><td>일시(회기)</td><td></td></tr>
<tr><td>대 상</td><td colspan="3"></td></tr>
<tr><td>목 표</td><td colspan="3"></td></tr>
<tr><td>주제 및 방법</td><td colspan="3"></td></tr>
<tr><td>준비물</td><td colspan="3"></td></tr>
<tr><td>개입 전의 집단 분위기</td><td colspan="3"></td></tr>
<tr><td>집단과정</td><td colspan="3"></td></tr>
<tr><td rowspan="2">평가 및 계획</td><td>회 기 평 가</td><td colspan="2"></td></tr>
<tr><td>다음 회기 계획</td><td colspan="2"></td></tr>
<tr><td>미술치료사</td><td colspan="3"></td></tr>
</table>

[출처: 옥금자(2007a: 381)를 참고로 해서 저자가 다시 작성]

찾아보기

인 명

주 제

기 타

저자 소개

노대겸

계원예술대학교 사진예술학과 졸업
대전대학교 사회복지대학원 졸업(사회복지학 석사)
늘봄미술심리문화원 사무국장 역임
현재 충남대학교 평생교육원 미술심리 외래교수
대전평생교육진흥원 대전시민대학 사진 영역 외래교수
〈마니아리포트〉 객원기자

저서 및 도록

『가족정책론』(공저, 2017)
『현대 사회복지의 이해』(사진작업, 2017)
『야투 자연미술 국제레지던스 프로그램 도록(Catalog of YATOO International Artist in Residence Program 2016)』(촬영, 2016)
『아르코 미술관 '노마딕 리포트 2012' 도록』(촬영, 2012)
『Wallpaper City Guide: Seoul』(영국 Phaidon Press 발간) (Contributor, 2012)
『대전광역시 지역아동센터 실태조사 보고서』(공저, 2015)
『지역사회복지 욕구조사와 사회복지 프로그램 개발』(공저, 2015, 2016)

주요 논문

사진치료가 취약아동의 자아존중감 향상에 미치는 영향
디지털 사진 이미지의 변경과 관련된 윤리적 문제
집단미술치료가 취약아동의 정서안정 증진에 미치는 영향
미술치료 프로그램이 노인의 우울 감소에 미치는 영향
개인미술치료 프로그램이 선택적 함묵증 아동의 표출 증진에 미치는 영향
취약한 지역사회에 거주하는 주민의 사회적 지지
사례관리의 윤리적 문제에 관한 탐색적 연구
가족정책 모델의 유형화에 관한 일반적 논의

저자 소개

전영신

공주사범대학교 미술교육과 졸업(미술교육학 학사)
한국교원대학교 대학원 미술교육과 졸업(미술교육학 석사)
미국 뉴욕주립대학교 미술과 수학
대전대학교 사회복지대학원 졸업(사회복지학 석사)
대전대학교 대학원 졸업(공공사회복지 박사)
독일 Bild-Werk-Frauenau Program의 Stained Glass 과정 이수
공주대, 목원대, 대덕대, 우송대, 대전대 대학원 외래교수 역임
현재 충남대학교 평생교육원 미술심리 전담교수
　　늘봄미술심리문화원 대표

저　　서

『예술 속의 미술치료』(2011)

주요 논문

아동미술의 아동복지 관련 효용성
취약아동을 위한 미술활동의 활용
지역중심미술: 미술과 복지의 랑데부
미술치료 프로그램이 빈곤아동의 자아존중감 증진에 미치는 영향
미술치료 프로그램이 노인의 우울 감소에 미치는 영향
개인미술치료 프로그램이 선택적 함묵증 아동의 표출 증진에 미치는 영향
정신분석 집단미술치료가 취약아동의 자아존중감에 미치는 영향에 관한 연구
정신의료기관에 입소 중인 정신장애인의 자기효능감에 영향을 미치는 요인
외국인 근로자의 복지에 관한 탐색적 연구

알기 쉬운
미술치료 · 사진치료

1판 1쇄 인쇄—2017년 3월 6일
1판 1쇄 발행—2017년 3월 10일

저 자 - 노대겸 · 전영신
발 행 인 - 강 철 원
발 행 처 - 양 성 원
주 소 - 경기도 파주시 월롱산로 71(야동동)
전 화 - 031-946-3861(代)
팩 스 - 031-946-3864
이 메 일 - tnwpub@naver.com
홈페이지 - tnwpub.co.kr
출판등록 - 2015년 8월 31일 제2015-000211호

ISBN 979-11-6126-030-3

정가 17,000원

※ 저자와 협의하여 인지는 생략합니다.
※ 저작권법 제136조(권리의 침해죄)에 따라 위반자는 5년 이하의 징역 또는 5천만 원 이하의 벌금에 처하거나 이를 병과할 수 있습니다.